Conheça o Espiritismo

RICHARD SIMONETTI

Conheça o Espiritismo

Copyright © 2018 *by*
FEDERAÇÃO ESPÍRITA BRASILEIRA – FEB

5ª edição – Impressão pequenas tiragens – 6/2024

ISBN 978-85-9466-197-5

Todos os direitos reservados. Nenhuma parte desta publicação pode ser reproduzida, armazenada ou transmitida, total ou parcialmente, por quaisquer métodos ou processos, sem autorização do detentor do *copyright*.

FEDERAÇÃO ESPÍRITA BRASILEIRA – FEB
SGAN 603 – Conjunto F – Avenida L2 Norte
70830-106 – Brasília (DF) – Brasil
www.febeditora.com.br
editorial@febnet.org.br
+55 61 2101 6161

Pedidos de livros à FEB
Comercial
Tel.: (61) 2101 6161 – comercial@febnet.org.br

Adquirindo esta obra, você está colaborando com as ações de assistência e promoção social da FEB e com o Movimento Espírita na divulgação do Evangelho de Jesus à luz do Espiritismo.

Dados Internacionais de Catalogação na Publicação (CIP)
(Federação Espírita Brasileira – Biblioteca de Obras Raras)

S598c	Simonetti, Richard, 1935–2018
	Conheça o espiritismo / Richard Simonetti. – 5. ed. – Impressão pequenas tiragens – Brasília: FEB, 2024.
	192 p.; 23 cm
	ISBN 978-85-9466-197-5
	1.Espiritismo. I. Federação Espírita Brasileira. II. Título.
	CDD 133.9
	CDU 133.7
	CDE 10.00.00

Sumário

Conheça o Espiritismo..7
Doutrina Espírita ou Espiritismo..............................11
Vanguarda de esclarecimento..................................13
1 Visão diferente 17
2 Ampliando horizontes..23
3 Da animalidade à angelitude................................31
4 Onde vivem os mortos...39
5 Pluralidade dos mundos habitados 47
6 O código celeste 57
7 Um corpo para o Além 67
8 Rumo ao Infinito...75
9 Problemas de entendimento 87
10 Filhos perfeitos..99
11 Em que degrau estamos?.....................................107
12 A influência dos Espíritos....................................115
13 A flor e o espinho 127
14 O uso da gravata 135
15 O efeito e a causa..143
16 Lastros espirituais..151

17 Conversar com Deus 159
18 A proteção do Céu 167
19 Prática espírita — Os caminhos da iluminação 177

Conheça o Espiritismo

Deus existe! Ele é nosso Pai de Amor e Misericórdia, soberanamente justo e bom, que deseja a felicidade de todos os seus filhos, sem distinção, porque a seus olhos todos somos iguais.

Jesus é nosso Mestre e Senhor, Caminho da Verdadeira Vida, que nos legou o seu Evangelho como roteiro de plenitude.

O próximo é nosso irmão e semelhante, merecedor de respeito e consideração, possuidor dos mesmos direitos que nós mesmos perante as benesses da Natureza e da Vida, patrimônio inalienável do Criador Divino.

Somos Espíritos imortais, temporariamente revestidos de um corpo que nos serve de vestimenta para que nos manifestemos diante do meio ambiente e na relação com o próximo.

A morte do corpo é passaporte para a Verdadeira Vida, pois continuamos vivos após a passagem, mantendo nossa individualidade, sendo quem nós somos, embora com a visão ampliada, por não mais termos as limitações impostas pela matéria.

A comunicação é fator de sobrevivência, por ser condição natural do ser humano nas relações interpessoais e entre os dois mundos, o físico e o espiritual. A comunicabilidade dos Espíritos é apresentada por meio da mediunidade, faculdade que permite o contato entre o plano material e o extrafísico.

Como ser imortal, criado por Deus, o Espírito, possuidor de uma única vida, a espiritual, estagia por sucessivas existências carnais, reencarnando em corpos diferentes a cada oportunidade, para construir gradativamente sua trajetória rumo à perfeição relativa a que está destinado.

A Lei Divina de Causa e Efeito rege o destino do ser humano, que usa de seu livre-arbítrio para fazer as escolhas ante as provas a que é submetido para seu aprendizado. Ora acertando, ora errando, o ser inteligente, racional e responsável pelos seus atos, colabora com a obra divina e caminha para o descobrimento de si mesmo, na medida em que age de acordo com as Leis Soberanas do Criador.

A expiação dos erros cometidos nesta ou em anteriores existências carnais possibilita ao Espírito encontrar o caminho da reabilitação e do retorno ao caminho certo da evolução, única fatalidade, por ser o destino de todos os seres vivos.

O Bem, o Amor, a Evolução, eis as trilhas do Espírito imortal em sua viagem no Cosmos Infinito, pelos incontáveis planetas que nos servem como as muitas moradas da Casa do Pai, conforme nos falou o Cristo.

*

Em seu estilo leve, bem-humorado e didático, Richard Simonetti nos introduz no conhecimento da Doutrina

Espírita, a fim de que possamos entender o significado da Mensagem de Jesus em nossas vidas, revivida pelo consolo e esclarecimento dos princípios espiritistas.

Anteriormente intitulado *Espiritismo, uma nova era*, temos a satisfação de entregar em suas mãos, amigo leitor, a reedição deste precioso livro, agora denominado *Conheça o espiritismo*.

Esperamos que possa fazer uma boa leitura e sentir-se feliz com o aprendizado que ela lhe vai proporcionar.

Brasília (DF), julho de 2018.

GERALDO CAMPETTI SOBRINHO
Vice-Presidente da Federação Espírita Brasileira

Doutrina Espírita ou Espiritismo[1]

O que é
- É o conjunto de princípios e leis revelados pelos Espíritos Superiores, contidos nas obras de Allan Kardec, que constituem a Codificação Espírita: *O livro dos espíritos, O livro dos médiuns, O evangelho segundo o espiritismo, O céu e o inferno* e *A gênese*.
- É o Consolador Prometido, que veio, no devido tempo, recordar e complementar o que Jesus ensinou, "restabelecendo todas as coisas no seu verdadeiro sentido", trazendo, assim, à Humanidade, as bases reais para sua espiritualização.

O que revela
- Revela conceitos novos e mais aprofundados a respeito de Deus, do Universo, dos homens, dos Espíritos e das leis que regem a vida.

---
1 REFORMADOR. Rio de Janeiro, RJ: Federação Espírita Brasileira (FEB), ano 115, n. 2.016, mar. 1997. p. 30(90)-32(92). ISSN: 1413-1749. Disponível em: < http://www.sistemas.febnet.org.br/acervo/revistas/1997/WebSearch/page.php?pagina=65 >. Acesso em: 17 dez. 2017.

• Revela, ainda, o que somos, de onde viemos, para onde vamos, qual o objetivo da nossa existência e qual a razão da dor e do sofrimento.

Qual a sua abrangência
• Trazendo conceitos novos sobre o homem e tudo o que o cerca, o Espiritismo toca em todas as áreas do conhecimento, das atividades e do comportamento humanos.
• Pode e deve ser estudado, analisado e praticado em todos os aspectos fundamentais da vida, tais como: científico, filosófico, religioso, ético, moral, educacional, social.

Vanguarda de esclarecimento

O vocábulo *espiritismo* costuma ser associado a terapias alternativas, ritos africanos, casas mal-assombradas, fantasias, superstições...

O Espiritismo (com *e* maiúsculo) ainda é pouco conhecido.

Daí a oportunidade da campanha "Espiritismo, uma nova era para a Humanidade", da Federação Espírita Brasileira (FEB), de cujo lançamento tive o prazer de participar, em palestras no Teatro Municipal de Santos, no dia 8 de março de 1997.

Pode parecer pretensioso o título, mas qualquer iniciante sabe que a Doutrina Espírita vem na vanguarda de movimentos renovadores que preparam a promoção de nosso planeta na sociedade dos mundos.

Deixará a condição de planeta de "provas e expiações" para a de planeta de "regeneração", conforme está em *O evangelho segundo o espiritismo*.

Isso não significa que o Espiritismo será a religião do futuro, mas, sem dúvida, no futuro seus princípios estarão em todas as religiões, porquanto enunciam leis que regem nossa evolução, como a Lei de Causa e Efeito, a Lei da Reencarnação, a Lei de Sintonia Psíquica.

Assim, mais cedo ou mais tarde, essas *Leis Naturais* serão suficientemente demonstradas pela Ciência, impondo que as religiões as assimilem, da mesma forma que se viram na contingência de admitir que o Homem é fruto da evolução biológica e que a Terra não é o centro do Universo.

Não sabemos quanto tempo demorará, no desdobrar dos séculos, mas *acontecerá*, tão fatalmente quanto o Sol se levanta e se põe todos os dias.

***

O folheto institucional da campanha febiana, amplamente divulgado, é oportuna e sugestiva síntese doutrinária.

Tão logo me veio às mãos, senti que ali estava precioso roteiro para uma obra de iniciação.

É o que lhe apresento agora, amigo leitor, observando a sequência do folheto.

Assim, "O que é", "O que revela" e "Qual a sua abrangência" estão transcritos na abertura destas páginas, como uma apresentação.

Em seguida temos "O que ensina", nos tópicos que abrem os capítulos que se sucedem, com dissertações sobre as principais questões doutrinárias.

Finalizando, breves comentários sobre a "Prática Espírita".

***

Procurei guardar fidelidade ao ideal de escrever de forma simples, sem firulas literárias, buscando, tanto quanto possível, amenizar a leitura com histórias e fatos pitorescos.

Em qualquer atividade, o bom trabalho é aquele que atinge sua finalidade. Espero que isso ocorra em relação a estas páginas, leitor amigo. Que elas lhe proporcionem momentos agradáveis de leitura edificante em torno dos princípios básicos da Doutrina Espírita, conforme minha intenção.

Bauru (SP), agosto de 1998.

1
Visão diferente

Deus é a Inteligência Suprema e causa primária de todas as coisas. É Eterno, Imutável, Imaterial, Único, Onipotente, soberanamente Justo e Bom.

Pesquisa publicada pela Revista Veja, edição 1489, de 2 de abril de 1997, revela que *noventa e nove entre cada cem brasileiros acreditam em Deus.*

Como os adúlteros, os estelionatários, os assassinos, os assaltantes, os egoístas, os maledicentes, os mentirosos, os prepotentes, os violentos, os agressivos, todos os que se comprometem em deslizes morais constituem bem mais de um por cento da população, a conclusão é óbvia:

Essa gente toda é o que é, *não obstante acreditar em Deus.* Espantoso!

Teoricamente, a crença num Poder Supremo que nos criou, que nos governa, que nos vê, que julga nossas ações, impondo-nos penas ou recompensas, é o grande instrumento para disciplinar o comportamento humano.

Essa contradição não é novidade.

Já em sua *Epístola universal* (2:19) o Apóstolo Tiago diz que o diabo (o Espírito mau) também crê em Deus, e até treme! Nem por isso deixa de fazer diabruras.

Fácil entender.

A presença de Deus é algo muito vago para o homem comum, às voltas com seus problemas e interesses.

A própria inexorabilidade da Justiça Divina, não obstante enfatizada pelas religiões, não o impressiona, suficientemente, a ponto de conter seus impulsos desajustados.

Situa-se como o motorista que conhece o código de trânsito, sabe que há multas pesadas para os infratores, porém não se sensibiliza.

A fiscalização é precária, distante...

***

Pior tem acontecido ao longo da História.

Gente esperta, que diz acreditar em Deus, serve-se dele para satisfazer suas ambições e desejos.

Em seu nome, guerreiros e religiosos vêm produzindo estragos imensos.

Já no tempo de Moisés, *em nome de Deus*, os judeus passavam a fio de espada, em terra inimiga, tudo o que tivesse fôlego — homens e mulheres, velhos e moços, aves e animais...

Durante a Idade Média, *em nome de Deus*, inquisidores mandavam para a fogueira pessoas que se atreviam a contestar seus interesses.

Nas Cruzadas, *em nome de Deus*, os cristãos da Europa dizimaram populações imensas, com a "piedosa" intenção de libertar o solo sagrado da Palestina.

Ainda hoje, *em nome de Deus*, fanáticos promovem banhos de sangue em várias regiões do mundo.

Devemos isso às concepções antropomórficas desenvolvidas pelas religiões — um Deus à imagem e semelhança do homem, como um soberano celeste a governar o Universo, com as mesmas paixões e limitações que nos caracterizam.

Um Deus tão passional e impotente que, em determinado momento, como está na *Bíblia*, arrependeu-se de nos ter criado e até pensou em acabar com a raça humana.

Por isso as pessoas acreditam em Deus — isso é intrínseco, o sentimento do filho que intuitivamente admite a existência do pai que o gerou — mas não conseguem viver como seus filhos.

Falta-lhes esclarecimento e motivação, ausentes nas fantasias que lhes são oferecidas.

***

A Doutrina Espírita propõe uma visão diferente.

Deus não é o Soberano Celeste distante, inacessível, que tem preferências, insensível às dores humanas.

Deus é o Cérebro Criador, a Inteligência Cósmica que edificou o Universo e sustenta a Vida.

O livro *Gênesis*, na *Bíblia*, revela que fomos criados à sua imagem e semelhança.

Simbolicamente está perfeito.

O que identifica nossa filiação é o poder criador, presente em nossas iniciativas, a se manifestar em nossas ações.

Somos, por isso, senhores de nosso destino, mas submetidos a Leis Divinas que determinam colhamos todo o Bem que semeamos, tanto quanto o Mal se voltará contra nós se o exercitarmos.

Isso ocorre inexoravelmente, não num futuro distante, remoto, na Vida Espiritual, em etéreo tribunal...

O julgamento é instantâneo e permanente.

Somos julgados por nossos sentimentos, pensamentos e ações a cada momento, incessantemente, experimentando, *inelutavelmente*, a felicidade ou a infelicidade, a euforia ou a depressão, a alegria ou a tristeza, de conformidade com nossas motivações.

É fácil constatar isso.

Experimentemos cultivar, durante todo um dia, apenas pensamentos bons, sentimentos nobres, ações edificantes...

Por 24 horas, proponhamo-nos a superar os interesses imediatistas, a ajudar o necessitado, a colaborar com o colega de trabalho, a respeitar as pessoas, a não falar mal de ninguém, a perdoar as ofensas...

Durante 1.440 minutos, comportemo-nos como filhos de Deus, o Pai de Infinito Amor e Misericórdia que, como ensina Jesus, faz nascer o Sol para bons e maus, e descer a chuva sobre justos e injustos...

Passemos todo um dia dessa forma e, à noite, quando encostarmos a cabeça no travesseiro, experimentaremos abençoada tranquilidade e dormiremos o sono dos justos.

Será tão gratificante que desejaremos viver assim todos os dias!

***

Nos comentários à questão 13, em *O livro dos espíritos*, Allan Kardec explica por que Deus é *Eterno, Imutável, Imaterial, Único, Onipotente* e *soberanamente Justo e Bom*.

A maior dificuldade está em entender como o Criador pode ser *justo e bom* se há tanta injustiça e maldade no mundo.

Como pode permitir que crianças morram de fome?

Que ditadores oprimam populações imensas?

Que ricos mercadores explorem seus subordinados?

Que bandidos aterrorizem as pessoas?

Que torturadores façam tantas vítimas?

Ante essas dúvidas, muitos se desesperam e perdem a fé, principalmente ao enfrentarem tragédias pessoais, que envolvam a morte de familiares, a doença, a perda dos bens materiais, a privação da liberdade...

Onde está esse Senhor Supremo que não os atende?!

Que Pai é esse que não satisfaz suas necessidades nem resolve seus problemas?!

Sentem-se entregues à própria sorte!

Se Deus existe, reclamam, não está nem um pouco preocupado com seus filhos que lutam e choram no mundo.

Aqui, amigo leitor, nenhuma doutrina filosófica ou religiosa nos satisfará, se não considerarmos nossa condição de seres em evolução, transitando pela Terra.

Passamos por múltiplas experiências reencarnatórias. Colhemos em cada uma delas o que semeamos nas anteriores, crescendo espiritualmente, desenvolvendo potencialidades, rumo à angelitude, como a pedra bruta submetida ao buril que a transformará num diamante.

A partir dessas noções começamos a entender que Deus semeou em nosso coração algo de sua grandeza — a *justiça* e a *bondade*, que devemos desenvolver por iniciativa própria, valorizando nossas aquisições.

Jamais seremos felizes enquanto não o fizermos.

2

Ampliando horizontes

*O Universo é Criação de Deus. Abrange
todos os seres racionais e irracionais, animados
e inanimados, materiais e imateriais.*

Desde que começou a olhar o Céu e a contemplar as estrelas, o homem sonha devassar os mistérios do Universo.

Quando e como tudo começou?

Durante séculos, particularmente na Idade Média, em tempos de obscurantismo, prevaleceram teorias religiosas inspiradas na Mitologia.

A razão cedera lugar à fantasia.

Os conceitos bíblicos, base do pensamento religioso ocidental, sugerem que Deus criou o Universo em seis dias, incluindo o primeiro casal: Adão, a partir do barro, e Eva, de uma costela que foi subtraída de Adão.

Essa situação prevaleceu praticamente até o século XVII, quando a Ciência começou a livrar-se das amarras impostas pela Teologia, atrelada ao poder temporal, acelerando paulatinamente seu desenvolvimento, até atingir as culminâncias atuais.

Modernas pesquisas científicas demonstram que o Universo é muito mais velho do que sugere a cronologia bíblica, que situa o início de tudo há aproximadamente quatro mil anos.

***

Uma das dificuldades da Astronomia, base dos estudos sobre as estruturas do Universo, é a distorção imposta pela atmosfera, um manto etéreo que envolve a Terra, algo semelhante a observar uma árvore do fundo de uma piscina.

Essa limitação foi superada pelo telescópio Hubble, prodígio da moderna tecnologia, colocado em órbita terrestre, acima da atmosfera. Controlado por poderosos computadores, fotografa astros que estão a bilhões de anos-luz da Terra, o que significa que o Universo tem no mínimo essa idade.

O leitor não familiarizado com o assunto certamente questionará o que tem a luz das estrelas a ver com a idade do Universo.

Simples: a visão é um fenômeno luminoso.

A luz reflete-se no ambiente, conduzindo imagens luminosas que são captadas pelos olhos e decodificadas pelo cérebro.

É por isso que sem luz não há visão.

Assim, quando olhamos as estrelas, estamos contemplando o passado. Se fotografarmos uma situada a cinco mil anos-luz, a foto registrará a imagem luminosa que viajou cinquenta séculos, à espantosa velocidade da luz (300 mil quilômetros por segundo), para nos dar notícia de sua existência, onde estava e como era há cinco milênios.

Talvez nem mais exista, já que as estrelas, como os seres humanos, também morrem. Fachos celestes apagam-se lentamente à medida que se esgota a energia que consomem.

É o que ocorrerá com o nosso Sol.

Não se preocupe, leitor amigo. *Levará alguns bilhões de anos.*

Até lá descobriremos outro lugar para morar, em planos etéreos, superado o ciclo das reencarnações terrestres.

Fácil concluir, levando-se em consideração como funciona a visão, que qualquer estrela observada indica que o Universo tem pelo menos a idade correspondente ao tempo que a luz emitida leva para nos trazer sua imagem.

***

Desde as primeiras décadas do século XX, inúmeras teorias foram desenvolvidas, tentando-se explicar a origem de tudo.

A mais consistente, com evidências científicas, é a do *big bang*.

Há perto de quinze bilhões de anos teria ocorrido uma grande concentração de energia em determinada região do Cosmos. Atingido um ponto de saturação, houve a grande explosão, mais exatamente uma imensa expansão de energia que, condensando-se, deu origem à matéria, produzindo as nebulosas, nuvens de gases, berço das galáxias, que são imensos aglomerados estelares.

Aparelhos de grande precisão demonstram que as galáxias estão se expandindo, como que obedecendo ao impulso de uma grande explosão.

Daí o *big bang*.

***

Com relação aos seres vivos, sabe-se hoje que tudo começou a partir de organismos extremamente simples, unicelulares, após o esfriamento da crosta terrestre.

Submetidos a sofisticados mecanismos evolutivos, lentamente desenvolveram-se, multiplicaram-se, diversificaram-se em incontáveis espécies, num período de bilhões de anos, até atingir a complexidade necessária ao aparecimento do homem.

O ser pensante é o ápice da evolução biológica.

Quando essa teoria foi lançada por Charles Darwin, biólogo inglês, em 1859, na Inglaterra, causou furor.

Houve reações violentas das religiões, de um modo geral, contra aquele inglês alucinado e atrevido que pretendia destruir a *Bíblia*, situando o ser humano como mero parente dos macacos.

Mas assim como aconteceu em relação aos avanços da cosmologia, a ciência inexorável acabou confirmando que Darwin estava certo.

Hoje, em qualquer curso secundário, a Teoria da Evolução é apresentada como Lei Natural demonstrada e comprovada.

E mais — há provas científicas de que o homem surgiu na Terra há pelo menos um milhão de anos, bem antes do que sugere a *Bíblia*.

***

O grande temor do pensamento religioso conservador é de que os avanços científicos acabem por eliminar a ideia de Deus, impondo uma concepção materialista.

O Espiritismo nos ensina que não devemos temer a Ciência. Não obstante seus desvios, ela é de inspiração divina.

Embora separadas no estágio atual, Ciência e Religião caminham em linhas paralelas, que fatalmente se encontrarão quando os religiosos forem mais racionais e os cientistas menos pretensiosos.

E há perguntas que a Ciência jamais conseguirá responder, enquanto não aceitar a existência de um Criador.

Admita-se que o Universo começou a partir de uma grande concentração de energia que deu origem ao *big bang*.

E daí? Quem produziu essa energia? Quem instituiu as leis que regem a matéria?

A matéria, normalmente entrópica — tende à desordem —, organiza-se, favorecendo o aparecimento da vida, que se desenvolve, até produzir um ser capaz de exercitar a razão.

Quem a programou para isso?

Na criação da matéria, na sustentação das Leis Naturais e na perfectibilidade dos seres vivos forçosamente há um idealizador, um planejador e executor.

O cientista, *irracionalmente*, fantasiará — *acaso*.

O religioso, *inteligentemente*, equacionará — *Deus*.

***

Pessoas há que, olhando as misérias humanas, as injustiças sociais, a confusão do mundo, questionam:

— Se Deus existisse, justo e sábio como o exaltam, nada disso deveria acontecer.

É que na Terra enxergamos precariamente.

Observamos detalhes do programa divino, sem uma visão abrangente e objetiva.

Se abrirmos um ovo choco, ficaremos nauseados com aquela massa disforme, sanguinolenta, de odor fétido.

Se esperarmos, porém, alguns dias e deixarmos a Natureza seguir seu curso, veremos um dos fenômenos mais belos da Vida: a casca do ovo será rompida de dentro para fora e surgirá adorável pintainho.

O mesmo acontece com os homens, nesta incubadora divina que é a Terra.

Habitantes de mundos mais evoluídos que nos visitem ficarão horrorizados com os resquícios de animalidade que prevalecem em nosso comportamento, sustentando a confusão das coletividades e o sofrimento das pessoas.

Todavia, trata-se de mera contingência.

Criados para a angelitude, estamos "em gestação", às voltas com os complexos mecanismos de nossa evolução.

Um dia, daqui a milhares de anos, quando a Humanidade houver completado sua formação espiritual, superando a animalidade, "nasceremos" finalmente, cumprindo gloriosa destinação, rumo à angelitude.

***

Se você, leitor amigo, situa-se entre as pessoas infelizes, doentes, deprimidas, desorientadas, que procuram alívio no Espiritismo, talvez possam parecer-lhe ociosas, distantes de seu interesse e de suas necessidades, essas informações relacionadas com o Universo e a Vida.

Gostaria, talvez, que tudo fosse mais simples e direto. Que pudesse conquistar a paz na Terra e as bem-aventuranças no Céu efetuando contribuições para os serviços religiosos ou submetendo-se a ritos e rezas.

A Doutrina Espírita ensina diferente.

Males variados que nos afligem são decorrentes de nossas imperfeições e mazelas.

Por isso, para superá-los é preciso alargar os horizontes de nosso entendimento, definindo por que estamos usando um escafandro de carne, mergulhados na matéria densa.

Consideremos, nesse aprendizado, algo fundamental.

O nascer da Humanidade para as glórias da Criação poderá levar milênios, com a promoção de nosso planeta na sociedade dos mundos.

Não obstante, individualmente, podemos nascer desde a presente encarnação, a partir de três iniciativas fundamentais:

O estudo, buscando uma visão objetiva do Universo e da Vida.

A reflexão, o empenho de fazer repercutir o conhecimento em nosso comportamento, procurando padrões mais nobres, mais espiritualizados.

A prática do Bem, em todos os momentos de nosso dia, na vivência do sagrado princípio evangélico enunciado por Jesus, registrado por *Mateus* (cap. 5), que resume a *Lei e os profetas,* segundo o Mestre, isto é, resume todo o conhecimento passível de nos realizar como filhos de Deus: "Tudo o que quiserdes que os homens vos façam, fazei-o assim também a eles".

3
Da animalidade à angelitude

Os Espíritos são os seres inteligentes da criação. Constituem o mundo dos Espíritos, que preexiste e sobrevive a tudo.

Os Espíritos são criados simples e ignorantes. Evoluem, intelectual e moralmente, passando de uma ordem inferior para outra mais elevada, até a perfeição, então gozam de inalterável felicidade.

As pessoas que têm animais domésticos surpreendem-se com seu comportamento.

Em algumas iniciativas parecem dotados de discernimento, particularmente o cão, o que melhor se relaciona com o homem. São incontáveis as histórias sobre sua vivacidade.

No entanto, as religiões tradicionais situam os irracionais por simples máquinas comandadas por programações biológicas — os instintos.

Não seriam, portanto, imortais.

***

Em círculos religiosos obscurantistas, na Idade Média, acreditava-se que as crianças com sérias limitações mentais não possuíam alma. Daí se aproximarem do comportamento instintivo dos irracionais.

Ainda hoje, superada essa aberração, a questão constitui sério problema para a Teologia ortodoxa, envolvendo a situação dos excepcionais após a morte.

Não podem ir para suposto inferno. Sem condições para exercitar o livre-arbítrio, não assumem responsabilidade por suas ações.

Pela mesma razão, porém, também não fazem por merecer o Céu.

Por outro lado, há as crianças que morrem ao nascer.

Para onde vão suas almas, se não tiveram tempo para opções condenáveis ou louváveis?

A solução encontrada por teólogos medievais não satisfaz à lógica.

As almas das crianças, bem como as dos excepcionais, iriam parar no limbo, região intermediária isenta dos tormentos infernais, mas sem a plenitude das venturas celestiais.

Certamente não estariam satisfeitas. Haveriam de reclamar pelo fato de Deus não lhes ter oferecido a possibilidade de conquistar as etéreas paragens.

***

Assim como os animais seriam seres à parte na Criação, outros haveria, seres especiais, denominados anjos, superiores em inteligência, cuja principal função seria a de atuar como intermediários entre Deus e os homens.

Cada ser humano teria o seu, designado pelo Criador para protegê-lo.

Poderíamos perguntar, como o fariam os animais se falassem:

— Por que Deus não me fez anjo? Por que a existência desses seres privilegiados, situados em patamar superior à Humanidade, não por méritos pessoais, mas por escolha divina?

É como um pai que, por vontade própria, gerasse filhos irracionais, ou débeis mentais, ou precariamente racionais, ou inteligências geniais, conforme lhe desse na veneta.

Os anjos, embora superiores aos seres humanos, nem sempre foram virtuosos e obedientes. Muitos se rebelaram. Em vez de ajudar os homens em nome de Deus, passaram a persegui-los em nome de suas ambições, procurando arrastá-los ao Mal na Terra, para aprisionar e torturar suas almas no Além.

O diabo seria esse anjo rebelde.

***

Essas ideias são questionadas na atualidade, quando o homem vai atingindo sua maturidade intelectual e se torna mais exigente quanto aos princípios religiosos, esperando que sejam, sobretudo, racionais, que atendam à lógica.

Ideal seria uma teoria mais abrangente, uma ideia que permitisse explicar melhor a vida, os seres vivos e os propósitos de Deus, atendendo aos imperativos da Justiça.

É exatamente essa a proposta da Doutrina Espírita a partir de informações colhidas da Espiritualidade, sem especulações teológicas.

Segundo o Espiritismo, todos os seres vivos têm um *princípio espiritual* em evolução.

Poderíamos situá-lo como a "alma" dos irracionais.

Submetido à experiência reencarnatória, com breves estágios na Espiritualidade, obedece à sintonia vibratória que o liga a determinada espécie.

Desenvolvendo-se, habilita-se à encarnação em espécies superiores, como quem sobe os degraus de uma escada.

O princípio espiritual chegará um dia à complexidade necessária para conquistar a capacidade de pensar.

Será, então, um Espírito, um ser pensante.

Uma senhora, ouvindo a respeito do assunto, suspirou:

— Ah! Agora está explicado por que meu marido parece um gorila mal-educado. É o próprio!

E ele:

— Agora sei por que minha mulher comporta-se como uma jararaca! Venenosa como ela só!

Ambos estão equivocados, caro leitor.

A transição entre o princípio espiritual e o Espírito ocorre em outros planos do Infinito, demandando largo tempo.

Entre o irracional e o homem, há longos caminhos a percorrer, *fora da Terra*.

***

A ideia de que os animais têm um princípio espiritual que evolui explica por que alguns demonstram lampejos de inteligência.

Estão mais perto dela. Já a possuem, de forma rudimentar.

Pode parecer estranho, mas é perfeitamente lógico.

Segundo Darwin, o corpo que usamos levou bilhões de anos para ser preparado por Deus, na oficina da Natureza.

Ora, por que o Espírito, a personalidade imortal, que é incomensuravelmente mais complexo, deveria ser criado num passe de mágica por Deus, dotado da capacidade de pensar e de decidir seu destino?

***

Como não fomos criados todos ao mesmo tempo, já que Deus o faz incessantemente, é natural que encontremos Espíritos, encarnados e desencarnados, menos evoluídos, mais evoluídos ou no estágio de evolução em que nos encontramos.

A todo momento, no contato com as pessoas, constatamos essa realidade. Não somos iguais, como diferentes são uma criança de 5 anos e um ancião de 80.

Os Espíritos mais evoluídos moral e intelectualmente tornam-se intermediários de Deus para ajudar seus irmãos menos experientes.

Daí a existência dos *anjos protetores*.

Não são seres privilegiados. Apenas irmãos nossos mais vividos, mais esclarecidos e conscientes, a cumprir os programas de Deus.

Como a evolução dos Espíritos está subordinada às suas iniciativas, pode ocorrer que avancem intelectualmente e se atrasem moralmente. Não raro, seguindo por caminhos de rebeldia, pretendem impor a desordem na Terra e o domínio sobre aqueles que se rendem à sua influência.

O diabo nada mais é que a representação desses Espíritos.

Situação transitória, porque Deus nos criou para a perfeição e lá chegaremos, quer queiramos ou não, *porque essa é a sua vontade*.

O demônio de hoje será o anjo de amanhã, quando a vida lhe impuser penosas experiências de reajuste, reconduzindo-o aos roteiros do Bem.

***

Da irracionalidade à angelitude há longa jornada.

A Doutrina Espírita nos diz que poderemos caminhar mais depressa, com mais segurança, com menos sofrimento, com menos problemas.

Sobretudo, podemos caminhar felizes e confiantes.

Como?

É simples.

Basta que nos disponhamos a desenvolver o conhecimento das Leis Divinas, com o estudo, e a sensibilizar o coração, com a prática do Bem.

4
Onde vivem os mortos

Além do mundo corporal, habitação dos Espíritos encarnados (homens), existe o Mundo Espiritual, habitação dos Espíritos desencarnados.

Desde que admitiu a imortalidade, o homem pôs-se a especular sobre o continente espiritual.

Onde fica?

Como vivem as almas dos defuntos?

Conservam sua individualidade?

Relacionam-se entre si?

Exercem atividades?

Habitam uma dimensão constituída de formas?

Essa última questão é interessante.

A forma implica substância, algo palpável, portanto *material*.

Os teólogos medievais, que se ocuparam do assunto, preferiram não entrar em detalhes, limitando-se a considerar que as almas dos mortos têm três opções:

A primeira, terrível! Os maus vão para um lugar de tormentos inextinguíveis, o Inferno, onde sofrem as consequências de seus crimes e erros por toda a eternidade. São vigiados por cruéis carcereiros, os demônios, que se comprazem em atormentá-los.

Se agentes da Anistia Internacional, entidade que vela pelos direitos humanos, visitassem as regiões infernais certamente ficariam horrorizados com o regime de torturas ali vigente e com a reclusão irremissível, que contraria o mais elementar princípio de justiça.

Jamais a penalidade deverá ultrapassar a natureza do crime. Inconcebível alguém ser condenado à prisão perpétua pelo roubo de um pão. Nenhum delito, por mais hediondo, justifica o confinamento infinito.

Afirmam os teólogos que o sofrimento das almas condenadas é de ordem moral. São torturadas pela própria consciência culpada, o que é razoável. Mas completam, equivocadamente, que permanecem no Inferno para sempre por imposição da mesma consciência, o que é um absurdo.

Por pior que seja o criminoso e os crimes que tenha cometido, chegará o momento em que cogitará da reabilitação, até por fastio do Mal, uma imperfeição que contraria sua natureza perfectível.

Como ensina Jesus, o Pai, em sua infinita misericórdia, não quer perder nenhum de seus filhos.

E não perde *mesmo!*

Se perdesse não seria o Onipotente.

***

Segundo as concepções teológicas tradicionais, as almas não demasiadamente comprometidas com o Mal vão para o Purgatório, onde, como o próprio nome define, purgam suas faltas, habilitando-se à futura transferência para o Céu.

Quanto ao Céu, concebe-se que as almas eleitas ali vivem em beatitude e contemplação eternas, o que leva muita gente a imaginar que deve ser um lugar enjoado, de tédio sem-fim.

***

Quando não temos noção sobre um assunto, antes de especular, criando fantasias, será mais prático e racional consultar quem possa informar com exatidão.

Se quisermos saber como vivem os esquimós, conversemos com alguém que esteve no Polo Norte ou, melhor, com os próprios habitantes daquelas paragens glaciais.

Foi exatamente o que fez Allan Kardec em relação ao Mundo Espiritual. Consultou o povo que lá vive — os Espíritos desencarnados, as almas dos mortos.

Como construiu essa ponte mágica?

Simples.

Valeu-se de médiuns (intermediários), pessoas dotadas de sensibilidade especial que as habilita a entrar em contato com a Dimensão Espiritual.

Se alguém nos disser que o iglu, a casa dos esquimós, é feito de gelo, podemos duvidar.

Que absurdo! Viver num *freezer*!

Mas, se em contato radiofônico perguntarmos a dezenas de esquimós e todos confirmarem, não haverá por que duvidar.

Essa foi a metodologia usada por Kardec, que ele chamou de *universalidade dos ensinos*.

Consultando centenas de Espíritos, por inúmeros médiuns, colheu e confirmou exaustivamente as noções fundamentais sobre a vida Além-Túmulo.

Por exemplo:

O Mundo Espiritual não está localizado alhures, em remota região. É uma projeção do mundo físico. Começa exatamente aqui, onde estamos, e se estende ao Infinito.

Para entendermos isso é preciso conceber que os Espíritos vivem em outra dimensão, que interpenetra a nossa.

Imaginemos um universo de duas dimensões apenas. Comprimento e largura, a habitação das sombras.

Nós, que estamos na terceira, poderíamos ver e eventualmente até interferir na segunda, mas quem lá vivesse não nos veria.

A Dimensão Espiritual é feita também de matéria, numa outra faixa de vibração, a quinta-essência (uma matéria refinada) como define Kardec, tão tênue que não a enxergamos nem sentimos, *mas tangível para os que lá vivem*.

Isso não deve causar estranheza.

Convivemos com a matéria intangível — os gases, o ar, o éter... E também com seres invisíveis — protozoários, micróbios, vírus...

Porque feita de matéria, a Dimensão Espiritual, necessariamente, tem formas.

Daí não haver por que estranharmos quando os Espíritos se reportam à existência de cidades, casas, veículos, objetos...

Vão mais longe.

Proclamam que o que há em nossa dimensão é uma cópia imperfeita, uma ilusão sustentada pela limitação dos sentidos.

***

Como a Dimensão Espiritual interpenetra a nossa, vivemos rodeados de Espíritos que não conseguiram superar seus interesses e preocupações relacionados com a existência humana.

Não raro, consciente ou inconscientemente, interferem na vida das pessoas, causando-lhes embaraços.

O inimigo que prejudicamos nesta vida ou em anteriores intenta vingar-se...

Um familiar em perturbação agarra-se a nós, qual náufrago numa tábua de salvação...

Alguém dominado por condicionamentos viciosos, relacionados com o cigarro, as drogas, o álcool, o sexo, busca-nos envolver, a fim de satisfazer-se por nosso intermédio... Colhendo essas influências, podemos experimentar tensões e angústias, paixões e compulsões, que nos oprimem, resultando em variados desajustes físicos e psíquicos.

Buscamos os recursos da Medicina, bênção de Deus em favor da saúde humana. Mas, ignorando as causas reais, os médicos cuidam apenas dos efeitos, e os males retornam sempre.

A Doutrina Espírita nos orienta com precisão a respeito do assunto, informando-nos sobre a chave de nossa libertação.

Chama-se sintonia.

Ligamo-nos aos Espíritos desencarnados de conformidade com nossos pensamentos, ideias, impulsos...

Assim, o melhor recurso de que dispomos para nos livrarmos dessas influências é a mudança de sintonia, cultivando valores de virtude e discernimento.

Pensamento elevado, coração isento de ressentimentos e mágoas, ódios e rancores, são defesas muito eficientes, que preservam nossa intimidade ante o assédio das sombras.

Por outro lado, o esforço da solidariedade, o empenho por ajudar o próximo, favorece a ligação com mentores espirituais que passam a atuar como guardiães de nossa integridade.

***

Atualmente há muita preocupação com assaltos. Costumamos fazer de nosso lar verdadeira fortaleza, repleta de grades e fechaduras, alarmes e portões eletrônicos.

Todavia, descuidamos do principal: a defesa contra as sombras, que nos causam prejuízos bem maiores.

Os assaltantes humanos furtam bens materiais. Os malfeitores espirituais roubam-nos o equilíbrio, a saúde, a paz...

Os assaltantes humanos fazem trânsito rápido em nossa casa. Os malfeitores espirituais instalam-se nela, exploram nosso psiquismo, sugam nossas energias...

Quando os componentes de uma família dispõem-se a cultivar a boa palavra e as boas ações... Quando se amam, se entendem, se respeitam... Quando fazem de sua vida um empenho de aprendizado incessante e de exercício da caridade, *uma luz espiritual acende-se no frontispício da casa*, a anunciar que aquele lar está protegido pelas forças do Bem.

É um lugar preservado.

Os malfeitores desencarnados passam longe.

Ali não há acesso para eles!

5
Pluralidade dos mundos habitados

No Universo há outros mundos habitados, com seres de diferentes graus de evolução: iguais, mais evoluídos e menos evoluídos que os homens.

Para os antigos, o Céu era o teto da Terra.

Nele fixados o Sol, farol que sustentava o dia; a Lua e as estrelas, luzes que enfeitavam a noite.

Obedecendo a indevassável mecanismo, a abóbada celeste movimentava-se em torno da Terra.

Quando surgia, o Sol espantava a noite.

Quando o Sol declinava, morria o dia.

A Ciência engatinhava e suas concepções se confundiam com a Teologia dogmática:

A Terra, o centro do Universo.

O homem, o rei da Criação.

Com o tempo descobriu-se que o teto da Terra é o Infinito; as luzes do Céu, astros distantes.

Não obstante, durante séculos, a religião, atrelada ao carro do poder temporal, impôs suas concepções, valendo-se de precários cálculos e observações de Ptolomeu, astrônomo grego que viveu no primeiro século da era cristã. Ele foi o autor da teoria geocêntrica, em que se sustentava a fantasia teológica.

Proibido avançar além dela.

Castigo — a morte!

É bastante ilustrativo o episódio famoso, envolvendo o astrônomo italiano Galileu Galilei, no século XVII, levado às barras de um tribunal inquisitorial. Foi convidado, sob pena de arder na fogueira, a negar a concepção que defendia, atribuída a Nicolau Copérnico, que vivera um século antes.

Era a teoria heliocêntrica, segundo a qual a Terra não é o centro do Universo, mas apenas humilde planeta que gira em torno do Sol, pequena estrela de quinta grandeza.

Inadmissível para as autoridades religiosas que o homem, o rei da Criação, habitasse um grão de poeira, em areal infinito.

Conta-se que Galileu, que não tinha vocação para o martírio, negou a teoria heliocêntrica, mas afirmou, ao mesmo tempo, aos seus companheiros: *eppur, si muove*.

Apesar de toda a intransigência, daquele fanatismo tolo, a Terra se move.

***

Galileu, valendo-se de uma invenção a ele atribuída — o telescópio, confirmara com cálculos matemáticos as conclusões de Copérnico.

Com o desenvolvimento da ciência astronômica, ficou impossível sustentar o geocentrismo. Hoje, qualquer criança de primeiro grau tem consciência de que a Terra é apenas um satélite do Sol.

Sabe, também, que há outros planetas no sistema solar — Mercúrio, Vênus, Marte, Júpiter, Netuno, Plutão,[2] Saturno e Urano, num total de nove.

O Sol pertence a uma família de estrelas, a Via Láctea, galáxia que tem perto de duzentos bilhões de estrelas.

E há bilhões de galáxias!

Quando pensamos nessa vastidão infinita, somos levados a admitir que não estamos sós.

Certamente há vida em outros rincões do Universo.

No passado, raros cientistas cogitavam dessa possibilidade. Estrela sustentando uma família de planetas, como o Sol, seria uma exceção no Universo. Por outro lado, quanto mais avançavam as pesquisas sobre nosso sistema solar, mais os cientistas se convenciam de que só havia vida na Terra. Os demais planetas são muito quentes, como Mercúrio e Vênus, onde a temperatura chega a quinhentos graus centígrados, ou muito frios, próximo a duzentos graus abaixo de zero.

Hoje as ideias são outras.

---

2 N.E.: Em 2006, a União Astronômica Internacional definiu novas regras para classificação de planetas que rebaixaram Plutão à categoria de planeta anão, deixando o Sistema Solar com 8 planetas.

Não há como negar a existência de vida em outros rincões do Espaço Infinito.

Com a moderna tecnologia, foram descobertos vários planetas fora de nosso sistema solar e, segundo cálculos de especialistas, admite-se havia somente na Via Láctea pelo menos cem mil planetas com possibilidade de serem habitados por seres que fazem uso da inteligência, alguns certamente compondo civilizações mais avançadas que a nossa.

***

Há importante pesquisa sobre a vida em outros planetas, iniciada na década de 1960, e que envolve muitos países, com a utilização de radiotelescópios.

São aparelhos semelhantes às antenas parabólicas, mas muito maiores, usados para captar mensagens radiofônicas de outros mundos.

Seria a suprema realização para comprovar que não estamos sós no Universo.

O problema é a vastidão do Cosmos.

Sintonizar uma civilização extraterrestre é como procurar agulha num palheiro sem-fim.

Por outro lado, haveria insuperável problema de comunicação. Suponhamos que captássemos sinais emitidos por uma civilização situada há mil anos-luz da Terra. Estaríamos recebendo uma transmissão feita há dez séculos, já que as ondas hertzianas viajam à velocidade da luz. A resposta levaria o mesmo tempo para chegar lá.

Um diálogo pediria o concurso dos milênios.

***

O mesmo problema da distância diz respeito à presença de extraterrestres, os decantados ETs.

Grande parcela da população acredita nessa possibilidade. Frequentemente, a imprensa noticia que pessoas viram os famosos discos voadores; outras teriam entrado em contato com seus tripulantes.

Há histórias incríveis acerca dessas declarações.

Quando pesquisadas, revelam-se fantasias, ilusões de óptica, fenômenos atmosféricos, alucinações, mistificações...

É possível que tenhamos recebido ou venhamos a receber a visita de extraterrestres, mas as dificuldades a serem superadas são ponderáveis.

A primeira é a distância.

Considerando, com Einstein, que a velocidade limite do Universo é a da luz — trezentos mil quilômetros por segundo — uma nave que se deslocasse a essa espantosa velocidade, partindo de um planeta situado a cinquenta anos-luz, levaria exatamente esse tempo para chegar aqui. Entre ida e volta, seriam cem anos.

Ainda de acordo com as teorias de Einstein, se alguma civilização conseguisse desenvolver engenhos capazes de deslocar-se tão rápido quanto a luz, dentro da nave o tempo fluiria mais lento. Um astronauta de retorno, após vinte anos, constataria estar centenas à frente, como se houvesse viajado para o futuro. Todas as suas ligações, envolvendo família, amigos, sociedade, profissão, estariam perdidas.

Há o problema do combustível. Para se chegar a um décimo da velocidade da luz, segundo cálculos atuais, haveria necessidade de um impulso inicial que exigiria algo equivalente a toda a energia que o homem consumiu desde o seu aparecimento na Terra.

***

A sede de devassar o Cosmos é própria das ambições humanas, envolvendo conquistas.

Seres superiores, capazes de remover todas as dificuldades de uma viagem interestelar, teriam atingido um patamar superior de conhecimentos que fatalmente os estimularia a privilegiar os aspectos espirituais da vida.

Estariam empenhados em devassar seu universo interior, em busca do autoaprimoramento mental e moral.

Isso os habilitaria a visitar outros mundos, deslocando-se em Espírito, o que dispensaria naves espaciais.

Assim, poderiam visitar a Terra, sem maiores problemas.

Muitos o fazem, certamente, *inacessíveis à observação humana.*

***

Antecipando-se à Ciência, a Doutrina Espírita sempre admitiu a pluralidade dos mundos habitados.

Na questão 55 de *O livro dos espíritos,* respondendo a uma indagação de Kardec, o mentor espiritual informa que são habitados todos os mundos que se movem no espaço; que só o orgulho e a vaidade podem sustentar a ideia de que o homem está solitário no Universo.

O astrônomo enfronhado com a pesquisa do Cosmos dirá que essa afirmativa está certa pela metade. Concebe que a Terra certamente não é o único planeta habitado, mas que pouquíssimos há em idênticas condições, a começar pelo nosso sistema solar, onde somente na Terra pulula a vida.

Com base no conhecimento espírita atual, podemos, tranquilamente, demonstrar que a questão 55 está correta por inteiro.

Quem está familiarizado com a obra de André Luiz, psicografia de Francisco Cândido Xavier, sabe que nosso planeta tem uma vasta população de Espíritos desencarnados, em vários níveis de evolução. Habitam colônias que se estendem a partir da crosta terrestre. Nelas aprimoram-se pelo estudo, pelo trabalho, pelo empenho de renovação...

Se por um fenômeno natural — a colisão de um gigantesco asteroide, por exemplo —, ou em virtude de uma guerra atômica, fosse eliminada a vida biológica da face da Terra, a população passaria a viver no Plano Espiritual, transferindo-se, eventualmente, para outros planetas.

Certa feita, no auge da Guerra Fria, quando havia grande possibilidade de um conflito atômico envolvendo os Estados Unidos e a União Soviética, um confrade apavorado dirigiu-se a Francisco Cândido Xavier:

—Vão acabar com nosso mundo! O que será de nós?!

E Chico, com a tranquilidade de sempre:

— Não se preocupe, meu filho. Deus arranjará outro rincão pra gente morar.

O médium estava absolutamente certo.

Sempre haverá um lugar para nós.

Usaremos um corpo de matéria densa em planetas semelhantes à Terra.

Estaremos revestidos de matéria sutil, o perispírito, para viver em outros planos do Infinito.

Os mundos que giram no espaço, estrelas e planetas, são como naves espaciais, conduzindo coletividades encarnadas ou desencarnadas que neles fazem estágios evolutivos.

Assim seguimos todos, rumo à angelitude, habilitando-nos a viver um dia em mundos divinos, ostentando corpos celestes, inabordáveis para a frágil inteligência humana.

***

A Doutrina Espírita, com essa visão ampla das realidades espirituais, confirma as conquistas da cosmologia, mas situa-se adiante de suas possibilidades nos domínios do Espírito, levando-nos a cogitar da *grandeza* da vida universal e do glorioso futuro que nos espera.

Lamentamos, então, as mesquinharias em torno dos interesses materiais, o cultivo obstinado dos sentimentos de orgulho, vaidade e egoísmo que nos prendem à Terra.

Agindo assim, assemelhamo-nos à lagarta que pretende permanecer presa ao casulo, recusando-se a desenvolver asas para ganhar a amplidão.

6
O código celeste

*Todas as Leis da Natureza são Leis Divinas,
pois Deus é o seu autor. Abrangem tanto
as Leis Físicas como as Leis Morais.*

Desde que se empenhou em devassar os mistérios da Natureza, o homem constatou que o Universo é regido por Leis Naturais que sustentam seu equilíbrio.

A história da Ciência envolve, sobretudo, a descoberta dessas leis.

Procurando explicar o movimento dos astros ou o fato de retornarem ao solo os objetos atirados ao alto, Newton, grande físico inglês do século XVII, escreveu: "Os corpos se atraem na razão direta de suas massas e na razão inversa do quadrado das distâncias que os separa".

Enunciava um dos princípios fundamentais da Física — a Lei da Gravitação Universal.

A própria Terra, com seus sistemas ecológicos, geológicos, climáticos, hidrográficos, é um imenso organismo, orientado por Leis Naturais que sustentam a vida.

E cada vez mais os cientistas vão se compenetrando da imperiosa necessidade de respeitar a Natureza, que sempre reagirá aos abusos do homem com males variados, resultantes do chamado desequilíbrio ecológico.

***

Uma das mais estranhas contradições do comportamento humano está em variadas correntes científicas e filosóficas que negam a existência do Criador.

É algo como apreciar um relógio sem reconhecer a existência do relojoeiro.

Voltaire, grande filósofo francês do século XVIII, não obstante sua irreverência, proclamava: "Se Deus não existisse, seria preciso inventá-lo".

Reconhecia que é impossível explicar o Universo sem a presença de um Ser Supremo que o idealizou e sustenta.

***

O estado caótico da sociedade humana, com seus desajustes e injustiças, misérias e sofrimentos, é a grande motivação para o materialismo.

Que Criador é esse que se compraz em maltratar suas criaturas?!

As religiões tradicionais concebem que os tormentos terrestres preparam o homem para as bem-aventuranças celestes.

Argumento pouco consistente.

Se o aceitamos, fica difícil explicar por que Deus submete alguns de seus filhos a privações e sofrimentos acentuados, enquanto concede a outros a riqueza, a saúde, a inteligência e, mais estranho ainda, o senso moral que lhes inspira virtuoso comportamento.

Tentando justificar essa disparidade de situações, Martin Lutero formulou a fabulosa doutrina das graças, segundo a qual Deus teria suas preferências e seus eleitos.

Um Deus assim não mereceria a nossa crença e o nosso respeito, levando-nos a considerar com Epicuro, filósofo grego: "Ou Deus quer impedir o Mal e não pode, ou pode e não quer. Se quer e não pode, é impotente. Se pode e não quer, é malvado. Se não pode nem quer, é impotente e malvado. Se quer e pode, por que não o faz?".

Perfeito! Aparentemente incontestável!

Epicuro faria melhor, porém, se pensasse como Einstein, o maior físico que o mundo produziu: "Deus pode ser sutil, mas não maldoso".

Estamos longe de compreender os programas de Deus.

Daí vermos injustiças em seus desígnios.

**

Caberia à Doutrina Espírita dar-nos uma visão mais ampla sobre o assunto, permitindo-nos confirmar a revelação maior de Jesus — Deus é o Pai Celeste, de Infinito

Amor e Misericórdia, que trabalha incessantemente pela felicidade de seus filhos.

O Espiritismo resolve com propriedade a questão das desigualdades e sofrimentos, informando que a Terra é um planeta habitado por Espíritos em estágios primários de evolução.

Mal saímos da agressividade que caracteriza os brutos, orientados unicamente pela satisfação de suas necessidades. E ainda nos comportamos como crianças preocupadas com o próprio bem-estar, incapazes de assumir responsabilidades.

A existência terrestre, com as exigências de subsistência, a necessidade do trabalho, o guante do sofrimento, os conflitos de relacionamento, as surpresas do destino, as situações dramáticas, funciona como uma lixa grossa a desbastar nossas imperfeições mais grosseiras.

Em favor de nossa evolução, operam Leis Naturais que um dia serão reconhecidas pela Ciência oficial, destacando-se:

• Reencarnação

As experiências na carne serão repetidas tantas vezes quantas forem necessárias, até que aprendamos as lições da Vida.

• Causa e efeito

Colheremos, invariavelmente, o fruto de nossas ações, aprendendo a distinguir o certo do errado, o que nos é lícito ou não fazer.

• Sintonia psíquica

Somos inspirados e conduzidos por influências espirituais que podem nos precipitar no abismo ou nos elevar às alturas, mas sempre de conformidade com o rumo que imprimimos à nossa vontade.

Tudo isso para vencer o egoísmo e nos prepararmos para a vivência do Amor, a Lei Suprema de Deus, que equilibra o Universo e sustenta a Vida.

***

Em *O livro dos espíritos,* Kardec, sob orientação dos mentores espirituais, formula princípios que ele denomina Leis Morais, um *trocar em miúdos* a Lei do Amor, em seu sentido mais abrangente.

•Lei de Adoração

A comunhão com Deus é um imperativo em favor da harmonia e da serenidade. Estaremos a cumpri-la sempre que exercitarmos a oração e a reflexão sobre a divindade.

• Lei do Trabalho

Fundamental que nos mantenhamos ativos, física e mentalmente, em favor da subsistência do corpo e do progresso da alma.

• Lei de Reprodução

A sexualidade humana é delicado instrumento que favorece a comunhão afetiva e a perpetuação da espécie. Se convertida em mero instrumento de prazer, nos induzirá a perigoso envolvimento com a promiscuidade e o vício.

• Lei de Conservação

Há uma interação entre todos os seres vivos. É preciso cultivar uma consciência ecológica, colaborando com a Natureza em vez de devastá-la. Sem esse empenho estaremos semeando males que fatalmente colheremos.

• Lei de Destruição

Morte é sinônimo de renovação. Todos os seres vivos estagiam, alternadamente, em dois planos — na Terra e no Além, submetidos aos choques biológicos da reencarnação e da desencarnação, que se situam por indispensáveis experiências em nosso atual estágio evolutivo.

• Lei de Sociedade

O equilíbrio de uma comunidade depende de nosso empenho em participar dela, respeitando suas normas e desenvolvendo iniciativas que visem ao bem coletivo.

• Lei do Progresso

Somos seres perfectíveis. Em favor de uma existência feliz e produtiva, é imperioso o aprimoramento moral e intelectual, buscando uma compreensão mais ampla dos mecanismos da Vida e de nossa posição no Universo.

• Lei de Igualdade

Somos todos filhos de Deus. Inconcebível, portanto, qualquer preconceito. Quem discrimina alguém, em face de sua condição física, social, cultural ou racial, poderá ver-se, em existência futura, na posição daquele que discriminou.

• Lei de Liberdade

Deus nos concede o livre-arbítrio, a fim de valorizarmos nossas aquisições e desenvolvermos nossas potencialidades, mas seremos cobrados por nossas iniciativas, com rigor crescente, compatível com o desenvolvimento do senso moral, a capacidade de discernir entre o Bem e o Mal.

• Lei de Justiça, de Amor e de Caridade

Resume princípios fundamentais ao cumprimento das demais Leis Morais: respeitar o próximo (justiça); querer o seu bem (amor); fazer o melhor em seu benefício (caridade).

Sempre que nos desviarmos dessa orientação básica, experimentaremos sanções disciplinadoras, a se exprimirem em desajustes e sofrimentos.

***

As Leis Morais são tão claras e objetivas, na apreciação de Allan Kardec, que poderemos identificar qual delas deixamos de observar, no presente ou no pretérito, simplesmente analisando nosso íntimo.

Sentimo-nos:

Inseguros? — Lei de Adoração.

Desanimados? — Lei do Trabalho.

Enfermos? — Lei de Conservação.

Inquietos? — Lei de Reprodução.

Amedrontados? — Lei de Destruição.

Solitários? — Lei de Sociedade.

Discriminados? — Lei de Igualdade.

Limitados? — Lei do Progresso.

Atormentados? — Lei de Liberdade.

Desmotivados? — Lei de Justiça, de Amor e de Caridade.

***

À exceção dos marginais, geralmente as pessoas procuram cumprir as leis do país em que vivem.

Compreendem que isso é fundamental, em favor de sua própria tranquilidade, evitando complicações.

Descuidam-se, entretanto, das Leis Morais.

Deveríamos, em benefício próprio, ao colocar a cabeça no travesseiro para o repouso noturno, examinar nossas ações.

Estamos vivendo como respeitáveis cidadãos do Universo, observando a Legislação Maior e habilitando-nos a uma existência plena de paz e harmonia?

Ou somos contumazes infratores, às voltas com penosas sanções impostas por nossa própria consciência?

7
Um corpo para o Além

O homem é um Espírito encarnado em um corpo material. O perispírito é o corpo semimaterial que une o Espírito ao corpo material.

Você pode não ser espírita, leitor amigo, mas se ligado a qualquer culto religioso, Catolicismo, Budismo, Protestantismo, Islamismo ou quejandos, é um espiritualista — concebe a existência e a sobrevivência do Espírito, que anima os seres humanos.

Em *O livro dos espíritos,* questão 88, o mentor espiritual que orienta Kardec explica que o Espírito pode ser imaginado como "[...] uma chama, um clarão ou uma centelha etérea".

Sem morfologia, sem corpo, sem braços e sem pernas, como atua ele na Dimensão Espiritual?

Essa dúvida levou os teólogos medievais a desenvolverem o princípio de que a consciência está indissoluvelmente ligada ao cérebro.

Assim, se morre o homem, hiberna o Espírito.

Dormirá até hipotético Juízo Final, quando os mortos retornarão à vida, ressurgindo, literalmente, das cinzas. Só então, ligado ao corpo ressurreto, o ser pensante retomará a consciência de si mesmo.

***

Levando em consideração essa fabulosa ideia, que supera a imaginação do mais audacioso ficcionista, como explicar os episódios a seguir?

• Segundo o *Livro de Tobias*, no Velho Testamento, um anjo, que diríamos Espírito Protetor, toma a forma humana e, durante algum tempo convive com o velho Tobias, cego, e seu filho, o jovem Tobias, ajudando-os e protegendo-os, sem que eles soubessem de sua verdadeira natureza.

• Consultando a pitonisa de Endor, o rei Saul vê, estarrecido, o Profeta Samuel, que vem da morada dos mortos para dizer-lhe que ele pereceria no dia seguinte, juntamente com seus filhos, na batalha contra os filisteus, vaticínio terrível, que se cumpriu.

• Jesus levou os Apóstolos Pedro, João e Tiago a um monte, que a tradição fixou como o Tabor. E ali, segundo relatam os evangelistas, parecia resplandecer à luz do Sol, conversando com Moisés e Elias, figuras marcantes do Velho Testamento.

• Paulo, perseguidor implacável dos cristãos, estava às portas de Damasco, onde pretendia prender Ananias, dedicado adepto da nova crença. Eis que, para sua surpresa, Jesus aparece diante dele, numa das mais emocionantes passagens do Evangelho, modificando os rumos de sua vida.

• Santo Antônio, notável missionário cristão, fazia sua costumeira pregação em Pádua, na Itália, quando, assustando o público, pareceu sofrer fulminante síncope. Simultaneamente apresentou-se num tribunal em Lisboa, a oitocentos quilômetros, para defender seu pai que estava sendo injustamente julgado por um crime que não cometera. Após desfazer a intriga, o santo desapareceu de Lisboa e acordou em Pádua, para alívio dos fiéis.

• A professora ministrava a aula quando, sonolenta, sentou-se numa cadeira e ali permaneceu imóvel. Uma aluna, à janela, chamou as colegas. A mestra estava lá fora. Viam agora duas professoras, uma adormecida na cadeira; a outra, um clone perfeito, passeando no jardim. Pouco depois sumiu a de fora; despertou a de dentro.

• Noite alta, um médico ouviu baterem à porta de sua casa, perto de movimentada estrada. Jovem mulher, em desespero, pediu-lhe socorro para vítimas de um acidente de automóvel. Ele atendeu prontamente, correndo para o local, nas imediações. Ali deparou-se com uma criança a chorar, ao lado da motorista morta. Estupefato constatou que era a mulher que lhe pedira socorro.

• Uma senhora acordou vendo o filho ao seu lado. Parecia ferido e aflito, mas logo desapareceu. Preocupada, não conseguiu mais conciliar o sono. Pela manhã recebeu a notícia de que o rapaz morrera num acidente de automóvel, em plena madrugada, pouco antes de sua visão.

• Uma mulher deitou-se e apagou a luz. Observou que o cônjuge se levantou e saiu do quarto. Ficou apavorada, porquanto estava abraçada a ele na cama.

• Um médium vidente, em reunião mediúnica, informa a presença de um visitante espiritual. Trata-se de membro do grupo, recém-desencarnado. Não tem dificuldade em identificá-lo. É o próprio, apresentando-se sorridente e feliz.

• Visitantes de um castelo com fama de mal-assombrado assustam-se ao ver um homem de lúgubre aparência, jeito ameaçador, identificado como falecido proprietário do castelo.

São episódios distintos, *mas têm algo em comum.*

Em todos houve o contato de homens com Espíritos.

Três eram encarnados.

Atente ao detalhe, amigo leitor: *invariavelmente*, os Espíritos tinham cabeça, tronco, membros e outros detalhes da morfologia humana!

Isto significa, obviamente, que afora o chamado *veículo carnal* temos outro, que nos serve para atuar na Dimensão Espiritual.

Não é novidade.

Desde as culturas mais antigas, cogitou-se do assunto.

No budismo esotérico falava-se desse corpo. Era o *Kama-Rupa.*

Pitágoras o denominava *carne sutil da alma.*
Aristóteles dizia *corpo etéreo.*
Hermetistas e alquimistas falavam em *corpo astral.*
Paulo reporta-se a ele, na *Epístola aos coríntios*, quando diz que há corpos terrestres e corpos celestes. E proclama: "Semeia-se o corpo na corrupção (morto) e ele revive na incorrupção (corpo espiritual)".
Quando morremos, o corpo físico se decompõe.
O Espírito passa a usar o corpo espiritual, não passível de decomposição.

***

Allan Kardec define o corpo espiritual como *perispírito,* composto a partir do prefixo grego *peri, em torno.* Seria, portanto, como que o "revestimento" do Espírito.
O perispírito é o elo de ligação entre o Espírito e a carne.
Daí dizer-se que o homem é composto de três partes distintas: *Espírito, perispírito e corpo físico.*
Como o perispírito é uma espécie de *forma da forma física*, ao desencarnar, o Espírito tende a conservar a morfologia humana. Em condições especiais pode tornar-se visível aos homens, como nos casos citados.
Há múltiplas funções exercidas pelo *corpo espiritual.*
Está sempre presente nos fenômenos mediúnicos.
É a natureza de sua ligação com o corpo físico que vai

determinar se o indivíduo terá maior ou menor sensibilidade, se terá determinada faculdade a desenvolver.

Quando alguém está extremamente debilitado fisicamente, afrouxam-se-lhe os laços perispirituais, facultando-lhe visões do Mundo Espiritual. Esta a razão pela qual os moribundos parecem ter alucinações, reportando-se à presença de familiares e amigos desencarnados.

Realmente os veem.

***

A saúde subordina-se estreitamente às condições do perispírito. Grande parte dos males físicos e psíquicos que nos afetam reflete seus desajustes.

A fluidoterapia ou a aplicação do passe magnético, prática comum nos centros espíritas, é uma transfusão de energias que tonificam o *corpo celeste*, com excelentes resultados.

Melhor ainda são os cuidados profiláticos — evitar o desajuste para não se perder tempo, nem desgastar-se com ele.

O perispírito reflete a vida íntima.

Consciência tranquila, deveres cumpridos, virtude cultivada — perispírito saudável.

Consciência culpada, irresponsabilidade, envolvimento com o vício, pensamento desajustado — perispírito comprometido.

Alguns casos ilustrativos:

• A mulher que pratica o aborto habilita-se à esterilidade, a tumores e a infecções renitentes.

• O alcoólatra terá problemas no sistema digestivo, particularmente no fígado.

• O fumante experimentará dificuldades respiratórias, que envolvem enfisema pulmonar, bronquite, asma...

• O suicida terá desajustes e enfermidades relacionados com a natureza do suicídio, a maneira que escolheu para furtar-se aos desafios da vida.

• O maledicente experimentará limitações no exercício da palavra — distúrbios vocais, dificuldade de raciocínio.

As consequências de nossas ações gravam-se no corpo etéreo a cada gesto, a cada má palavra, a cada pensamento negativo, refletindo-se em nossos estados emocionais, a gerar variados problemas físicos e psíquicos.

Por isso, se queremos cultivar a saúde e sustentar a harmonia, é preciso que observemos preciosa orientação do Apóstolo Paulo:

> Tudo o que é verdadeiro, tudo o que é honesto, tudo o que é justo, tudo o que é puro, tudo o que é amável, tudo o que é de boa fama, se alguma virtude há e se algum louvor existe, seja isso o que ocupe o vosso pensamento (*Epístola aos filipenses*, 4:8).

8
Rumo ao Infinito

Os Espíritos preservam sua individualidade, antes, durante e depois de cada encarnação. Reencarnam tantas vezes quantas forem necessárias ao seu próprio aprimoramento.

Imagina-se que falar sobre reencarnação no meio espírita seja *ensinar o pai-nosso ao vigário*.

Princípio básico, presente em todos os temas doutrinários, em todos os raciocínios que fazemos sobre a vida humana, seríamos (os adeptos do Espiritismo) doutores no assunto.

Ledo engano.

Confrades pouco afeitos ao estudo alimentam dúvidas e excentricidades sobre essa Lei Natural que preside a evolução do Espírito.

Fora do meio espírita as concepções beiram o absurdo.

Há o *lamentável equívoco da metempsicose*: o Espírito reencarnaria nos reinos inferiores, envolvendo a fauna e a flora.

Os adeptos da metempsicose têm grande respeito por animais e vegetais, não se trata de engajada preocupação ecológica. Inspiram-se na convicção de que se possa estar lidando com ancestrais humanos.

Daí advertências assim:

— Não mate a mosca que se aproxima. Pode ser sua avó!

***

Se a reencarnação é uma Lei Natural — perguntam religiosos que a contestam —, por que não está na *Bíblia*?

Quem disse que não?

Em várias passagens bíblicas há claras referências.

O Profeta Malaquias diz, sob inspiração de Jeová: "Eis que eu vos enviarei o Profeta Elias, antes que venha o grande e terrível dia do Senhor" (*Malaquias*, 4:5).

Oprimidos por Roma, os judeus aguardavam ansiosamente o Messias, que viria libertar o solo sagrado da Palestina e elevar Israel ao domínio das nações.

Diga-se de passagem que Jesus não foi aceito pelo Judaísmo, particularmente porque se esperava um guerreiro que empunhasse a espada, não um pacificador, que exaltava o amor e a fraternidade entre indivíduos e nações.

Como está claro na citação, Elias voltaria no advento do Messias. Isso indica, obviamente, que o povo admitia a ideia do retorno à carne.

Se Elias deveria preparar os caminhos do Messias e se Jesus era o próprio, onde estava o profeta? — indagavam os Apóstolos.

Jesus lhes explicou: "Certamente Elias virá primeiro, e restaurará todas as coisas. Mas digo-vos que Elias já veio, e não o conheceram, mas fizeram-lhe tudo o que quiseram [...]" (*Mateus*, 17:11 e 12).

Comenta Mateus: "Então entenderam os discípulos que lhes falara a respeito de João Batista" (*Mateus*, 17:13).

O Batista fora degolado, a mando de Herodes Antipas.

Uma análise comparativa demonstra clara identidade psicológica entre os dois profetas, ambos de hábitos austeros, veementes no combate à hipocrisia, rigorosos nos seus julgamentos.

Eram o mesmo Espírito.

***

Há a célebre passagem relatada por João: Nicodemos, um fariseu simpatizante da nova doutrina, admira-se quando Jesus lhe diz que para ganhar o Reino de Deus é preciso nascer de novo. E pergunta: "Como pode um homem nascer, sendo velho? Poderá voltar ao ventre da sua mãe, e nascer?" (*João*, 3:4).

Jesus explica que quem reencarna é o Espírito imortal, não o homem perecível.

Ante a perplexidade de Nicodemos, que encontra dificuldade para entender o ensinamento, o Mestre ressalta: "És mestre em Israel e não sabes dessas coisas?" (*João*, 3:10).

Na Cabala, um tratado filosófico-religioso judeu, conhecido apenas pelos iniciados, está enunciado o princípio da reencarnação. Daí a observação de Jesus. Como doutor da Lei, Nicodemos *deveria saber*.

***

Há, ainda, o célebre encontro de Jesus com um cego de nascença, quando os discípulos perguntaram: "Rabi, quem pecou, este ou seus pais, para que nascesse cego?" (*João*, 9:2).

Essa indicação evidencia que os cristãos admitiam uma vida anterior.

A suposição de que ele pudesse estar pagando débitos de seus pais revela que não tinham ideias muito claras sobre o assunto. Imaginavam que os filhos pudessem ser castigados pelos pecados paternos, como registrara Moisés na Tábua dos Dez Mandamentos da Lei.

Responde Jesus: "Nem ele pecou nem seus pais, mas isto aconteceu para que se manifestem nele as obras de Deus" (*João*, 9:3).

Há quem estranhe essa resposta, considerando que nossos males mais graves são consequências de más ações pretéritas.

Regra geral, sim.

Colhemos os frutos de nossas semeaduras para aprendermos o que semear.

Mas toda regra tem exceções.

Há Espíritos que escolhem determinadas situações, não por débito ou comprometimento com as Leis Divinas, mas porque desejam realizar um trabalho ou submeter-se a uma experiência que lhes pareça importante.

Os grandes missionários não reencarnam para pagar dívidas. Não obstante, geralmente enfrentam atribulações, *por escolha pessoal*.

Francisco Cândido Xavier é um exemplo.

Lidou com o sofrimento desde que nasceu, convivendo com dificuldades e dores. Por quê?

Porque sabia que a dor e a dificuldade eram instrumentos que o ajudavam a manter a fidelidade aos seus princípios e aos compromissos assumidos.

Chico é o exemplo típico de alguém que se sacrificou, não por comprometimentos pretéritos, mas para favorecer a manifestação das obras de Deus.

Ressalte-se que a dor incomoda, mas é precioso guante que nos estimula a seguir em frente nos caminhos da renovação.

Algo como diz o poeta inglês, Robert Browning:

Caminhei dez quilômetros com o prazer.
Ele tagarelou o tempo todo,
Falou muito, sem nada me ensinar.

Caminhei um quilômetro com a dor,
Ela não falou nada, não pronunciou uma palavra,
Mas quantas coisas aprendi
Quando a dor foi minha companheira!

***

A reencarnação fez parte do movimento cristão até o século VI de nossa era. Grandes vultos do cristianismo nascente, como Clemente de Alexandria e Orígenes, a ensinavam.

Várias teses buscam explicar por que foi eliminado o conceito reencarnacionista, após seiscentos anos de Cristianismo.

Há quem afirme que por influência de Teodora, esposa do Imperador Justiniano, que achava um absurdo pudesse tornar à carne como humilde mulher do povo.

O que aconteceu, na verdade, foi que a partir do momento em que o Cristianismo atrelou-se ao carro do poder temporal, tornando-se religião oficial do Império Romano, a concepção reencarnacionista passou a incomodar.

Fácil entender o porquê:

A religião institucionalizada pretendia ser a porta de acesso aos páramos celestes, conforme a máxima insistentemente proclamada: "Fora da Igreja não há salvação".

Já a reencarnação demonstra que semelhante realização está subordinada à iniciativa individual — o empenho pela reforma íntima e o exercício do Bem, *independentemente da crença que adotamos, de ritos ou rezas*.

Por isso a reencarnação foi banida, num dos mais lamentáveis equívocos cometidos pelos teólogos medievais.

Considerada uma heresia, permanece no limbo teológico, não obstante expandir-se irresistivelmente entre adeptos de todas as religiões.

Ocorre algo semelhante ao anseio de liberdade nos regimes totalitários. É sufocado e perseguido, mas cresce incessantemente na alma do povo, forçando mudanças que mais cedo ou mais tarde acontecem.

Não demorará muito para se romperem os diques dogmáticos erguidos para conter a *palingenesia* (renascimento sucessivo do mesmo indivíduo).

***

A reencarnação já não se apresenta como simples ideia.

É, sobretudo, um princípio científico desenvolvido por pesquisadores que acumulam evidências em seu favor.

Destaque especial merece a Terapia das Vivências Passadas (TVP), a conceber que problemas emocionais e psíquicos podem ter sua origem nos traumas gerados por situações dramáticas em vidas anteriores.

Milhares de psicólogos e psiquiatras de todos os quadrantes debruçam-se hoje sobre o assunto, admitindo a ideia da reencarnação porque estão lidando com ela a cada momento, no contato com o pretérito dos pacientes.

***

É filosoficamente que a ideia da reencarnação se impõe.

Fica difícil de explicar as desigualdades terrestres sociais, morais, físicas, intelectuais, econômicas... — se não admitirmos que estamos todos em processo de evolução, em múltiplas existências, cada qual passando por experiências compatíveis com suas necessidades de aprendizado.

Não fomos todos criados ao mesmo tempo.

Não temos a mesma idade espiritual.

Há os "adultos", conscientes de suas responsabilidades, despertos para os objetivos da existência, dispostos ao esforço do Bem...

Há os "adolescentes", indisciplinados, senso moral embrionário, a cometerem tolices, a se comprometerem em desvios e inconsequências...

Daí os problemas que vivemos na Terra, com desajustes sociais, guerras e conflitos variados.

Não obstante, como ensina a Doutrina Espírita, estamos todos "em aula" na escola terrestre.

Nesse ir e vir, submetidos aos choques biológicos do nascimento e da morte, agita-se o nosso psiquismo, superamos fragilidade, crescemos espiritualmente, caminhamos rumo às grandes realizações espirituais, conquistamos o Infinito, como exalta Castro Alves, em psicografia de Francisco Cândido Xavier, no poema *Marchemos!*, do livro *Parnaso de além-túmulo* (edição FEB):

> Há mistérios peregrinos
> No mistério dos destinos
> Que nos mandam renascer:
> Da luz do Criador nascemos,
> Múltiplas vidas vivemos,
> Para à mesma luz volver.
>
> Buscamos na Humanidade
> As verdades da Verdade,
> Sedentos de paz e amor;
> E em meio dos mortos-vivos
> Somos míseros cativos
> Da iniquidade e da dor.
>
> É a luta eterna e bendita,
> Em que o Espírito se agita
> Na trama da evolução;
> Oficina onde a alma presa
> Forja a luz, forja a grandeza
> Da sublime perfeição.
>
> É a gota d'água caindo
> No arbusto que vai subindo,
> Pleno de seiva e verdor;
> O fragmento do estrume,
> Que se transforma em perfume
> Na corola de uma flor.

A flor que, terna, expirando,
Cai ao solo fecundando
O chão duro que produz,
Deixando um aroma leve
Na aragem que passa breve,
Nas madrugadas de luz.

É a rija bigorna, o malho,
Pelas fainas do trabalho,
A enxada fazendo o pão;
O escopro dos escultores
Transformando a pedra em flores,
Em Carraras de eleição.

É a dor que através dos anos,
Dos algozes, dos tiranos,
Anjos puríssimos faz,
Transmutando os Neros rudes
Em arautos de virtudes,
Em mensageiros de paz.

Tudo evolui, tudo sonha
Na imortal ânsia risonha
De mais subir, mais galgar;
A vida é luz, esplendor,
Deus somente é o seu amor,
O Universo é o seu altar.

Na Terra, às vezes se acendem
Radiosos faróis que esplendem
Dentro das trevas mortais;
Suas rútilas passagens

Deixam fulgores, imagens,
Em reflexos perenais.

É o sofrimento do Cristo,
Portentoso, jamais visto,
No sacrifício da cruz,
Sintetizando a piedade,
E cujo amor à Verdade
Nenhuma pena traduz.

É Sócrates e a cicuta,
É César trazendo a luta,
Tirânico e lutador;
É Cellini com sua arte,
Ou o sabre de Bonaparte,
O grande conquistador.

É Anchieta dominando,
A ensinar catequizando
O selvagem infeliz;
É a lição da humildade,
De extremosa caridade
Do pobrezinho de Assis.

Oh! bendito quem ensina,
Quem luta, quem ilumina,
Quem o Bem e a luz semeia
Nas fainas do evolutir,
Terá a ventura que anseia
Nas sendas do progredir.

Uma excelsa voz ressoa,
No Universo inteiro ecoa:
"Para a frente caminhai!"
"O amor é a luz que se alcança,
Tende fé, tende esperança,
Para o Infinito marchai!"

9

Problemas de entendimento

*Os Espíritos preservam sua individualidade,
antes, durante e depois de cada encarnação.*

Diferenças culturais e educacionais geram problemas de comunicação.

O que nos parece óbvio e cristalino pode parecer duvidoso ou nebuloso para outra pessoa ou vice-versa.

Constata-se isso nas rotinas do dia a dia, nos bancos escolares, na vida social e profissional, nas atividades religiosas...

Acontece particularmente no lar: se o marido diz que é preciso economizar, a cara-metade entende que a considera uma "metade cara". Se a esposa pede colaboração no cuidado da casa, o marido imagina que ela "não quer nada com a dureza".

Outro exemplo está no pagamento de sinistros.

Sinistro é acidente, no jargão das companhias de seguro.

Para habilitarem-se ao ressarcimento dos prejuízos, os segurados fazem um histórico da ocorrência. Aqui surgem as complicações, porquanto algumas de suas alegações são decididamente extravagantes. Parecem textos humorísticos.

Alguns exemplos:

— Eu estava com o veículo regularmente estacionado, quando um vagão de trem colidiu com meu carro.

— Eu bati contra um carro parado que vinha em direção contrária.

— A causa indireta do acidente foi um rapazinho, num carrinho pequeno, com uma boca enorme.

— Eu disse à polícia que não estava machucado, mas quando tirei o chapéu percebi que havia fraturado o crânio.

— O pedestre não tinha ideia de onde ir; então eu o atropelei.

— Eu vi um velho mole, de cara triste, quando ele caiu no teto do meu carro.

— Eu vinha dirigindo há quarenta anos, quando dormi no volante e sofri o acidente.

— De volta para casa, eu entrei com o meu carro na casa errada e bati numa árvore que não é minha.

— Eu estava a caminho do médico, com um problema na traseira, quando minha junta universal caiu, causando o acidente.

— Um carro invisível veio, não sei de onde, bateu no meu carro e desapareceu.

— Na tentativa de matar uma mosca, eu atropelei o cidadão.

— Eu saí do acostamento, olhei para a cara da minha sogra e caí pela montanha abaixo.

***

Os segurados que apresentaram essas "preciosidades" eram motoristas habilitados; portanto, alfabetizados. No entanto, experimentaram incontornável dificuldade para avaliar, definir e explicar com clareza e objetividade os acidentes em que se envolveram.

Se isso acontece em relação a fatos do dia a dia, que dizer de um princípio como a reencarnação, que envolve complexas experiências que se estendem ao longo dos milênios?

***

Algumas "preciosidades":

Alguém explicava que os Espíritos compõem famílias espirituais, que se reúnem em experiências reencarnatórias.

Reclamou a senhora que vive às turras com o marido:

— O quê?! Deverei suportar outra vez aquele traste?!

Não sabe que uma das finalidades principais do casamento é a harmonização das almas, impossível de ocorrer quando apenas "suportarmos" o cônjuge.

E o mal informado usuário, preocupado com seu patrimônio, imagina:

— A ideia é ótima! Reencarnarei como filho de meu filho e herdarei minha própria fortuna!

Mais provável que reencarne como neto da humilde faxineira, confinado na pobreza para vencer a usura.

***

Noutro dia me perguntaram:

— Como pode a reencarnação existir desde o aparecimento do homem, se a Doutrina Espírita surgiu no século passado?

As pessoas não entendem que o Espiritismo não inventou a reencarnação.

Apenas a enuncia e explica, situando-a como Lei Divina que disciplina o progresso dos Espíritos, oferecendo-lhes experiências na carne, compatíveis com suas necessidades.

Há a clássica pergunta, que se constitui no surrado argumento usado por pessoas que negam a reencarnação:

— Se os Espíritos reencarnam sempre, num interminável *ir* e *vir*; se são sempre os mesmos, como explicar o crescimento da população terrestre?

Essa dúvida, aceitável no ignorante, é inconcebível nas pessoas que, pretendendo contestar os princípios espíritas, proclamam tê-los estudado.

Qualquer iniciante sabe que:

• A população de Espíritos desencarnados é bem maior que a dos encarnados.

• A criação de Espíritos é infinita.

• Há Espíritos imigrantes que vêm de outros planetas para experiências na Terra.

Esses fatores, somados, compatibilizam tranquilamente a reencarnação com o crescimento populacional.

***

Uma pergunta curiosa:

— Não entendo como fui alguém que viveu outras vidas, em séculos passados! Não posso ser outra pessoa!

Essa dúvida exprime dificuldade em distinguir entre *personalidade* e *individualidade*.

Um ator, ao longo de sua vida, representa muitos papéis — é o homem, é a mulher, é o velho, o moço, o bandido, o mocinho, o rico, o pobre, o aluno, o professor, o pai de família, o filho problema... É, sobretudo, ele mesmo.

Vive múltiplas experiências, assume incontáveis personalidades, acumula conhecimentos, *sem perder sua individualidade*.

O mesmo acontece com o Espírito no suceder das reencarnações.

Mudam os papéis, obviamente relacionados com o estágio evolutivo alcançado (o honesto jamais será um larápio; nem viciado o virtuoso, ou egoísta o altruísta), mas será sempre ele mesmo, com suas tendências e aptidões, a incorporar valores, amadurecendo, crescendo espiritualmente, em vivências que o conduzirão aos estágios mais altos de espiritualidade.

A partir desse entendimento, surge a indefectível dúvida: se é assim, se somos sempre o mesmo indivíduo, vivenciando sucessivas personalidades, por que esquecemos?

Não seria mais produtivo conservar a lembrança das vidas anteriores, principalmente quando sofremos as consequências de nossas faltas? Não seria mais fácil admitir que estamos pagando dívidas, guardando a lembrança delas?

São argumentos interessantes.

Parecem evidenciar que o esquecimento do passado não é razoável, nem proveitoso.

Na verdade, ocorre o contrário.

Em favor de nossa própria estabilidade, é indispensável que a reencarnação esteja contida em compartimento estanque; que vivamos cada uma isoladamente, sem consciência das anteriores, apenas acumulando experiências.

Uma atriz, reportando-se ao início de sua carreira, confessou que assimilava tão intensamente as personagens representadas no teatro, que estas acabavam exercendo forte influência sobre seus sentimentos, sua maneira de ser... Por longos anos, submeteu-se a uma terapia especializada, aprendendo a separar a ficção da realidade.

Lembro-me de antigo filme que abordava esse problema. Dedicado ator teatral empenhava-se tanto em "vestir" a personagem que, literalmente, a incorporava, o que lhe causava sérios embaraços.

Certa feita interpretou um psicopata que estuprava e matava mulheres. Então aconteceu o pior: nas cidades onde a peça era encenada, crimes dessa natureza hedionda foram cometidos.

Era o ator a "encarnar" o cruel assassino.

Se a coexistência com simples personagem de ficção causa tamanho embaraço, imaginemos a confusão que haveria em nossa cabeça se conservássemos a consciência das múltiplas personalidades que incorporamos ao longo dos milênios!

Muitos doentes internados em hospitais psiquiátricos, tomados por doidos que julgam ser outra pessoa, apenas revivem personalidades anteriores, experimentando um embaralhamento de suas percepções, sentimentos e ideias.

***

Observe, leitor amigo, outro aspecto importante: o Espírito não tem sexo como morfologia, conforme ocorre com o homem e a mulher, identificados por seus órgãos reprodutores. Apenas como psicologia, com características masculinas ou femininas predominantes.

Pode reencarnar como homem ou mulher, de conformidade com seus programas e necessidades. Se o sexo físico é oposto ao sexo psicológico predominante, há uma polarização do componente psicológico "recessivo", ajustando a morfologia à psicologia.

A homossexualidade ocorre geralmente porque, em face de um problema cármico, o Espírito, ao trocar de sexo na reencarnação, não consegue esse acomodamento psicológico.

Sente-se homem em corpo de mulher e vice-versa.

Se ela existe em função apenas de uma reencarnação mal resolvida, muito mais grave seria se houvesse reminiscência plena do passado que envolvesse múltiplas vidas e alternâncias de sexo!

***

Imaginemos quantos problemas enfrentaríamos, particularmente na convivência familiar, se recordássemos o passado.

O pai admoesta severamente o filho de 10 anos, que no pretérito foi seu genitor. O menino reage:

— Ó fedelho! Que falta de respeito! Não se atreva a levantar a voz para mim ou lhe darei umas boas palmadas!

Como conviver com desafetos do passado, que hoje estão ligados a nós pelos laços da consanguinidade?

Como reagiria a mãe, sabendo que seu filho que acalenta ao seio foi aquele bandido que a estuprou e matou numa vida passada? Ou foi o senhor de engenho que abusou dela, como escrava, e providenciou para que o filho gerado fosse afogado no rio ao nascer?

Experiências dessa natureza podem nos parecer inconcebíveis, mas ocorrem como recursos indispensáveis de perdão, reconciliação e harmonização. Serão repetidas e repetidas, interminavelmente, *até aprendermos todos que somos irmãos*!

***

Outros problemas que surgiriam sem o esquecimento: como conviveríamos com criminosos notórios?

Um Átila, um Stalin, um Hitler, ou um psicopata que violenta e assassina crianças?

Situados em penosos processos cármicos, seria muito difícil contarem com a compaixão dos homens, o que tornaria ainda mais problemática sua regeneração.

E como lidar com as reminiscências de males que praticamos, de vícios que cultivamos, de mágoas que alimentamos?

Quando comprometidos no vício, no erro, na delinquência, que bom se pudéssemos esquecer e recomeçar!...

Um criminoso que sai da cadeia certamente gostaria de ser outra pessoa, anônimo na multidão, sem que ninguém lhe identificasse o passado comprometedor.

O esquecimento é bênção de Deus!

***

Alegam seus detratores que a reencarnação destrói a família. Uns reencarnam, outros ficam no Plano Espiritual; há os que se vinculam a outros grupos e os que seguem por outros caminhos...

Poderíamos dizer que verdadeiramente destruidora dos laços familiares seria a unicidade da existência, com o julgamento final das almas e seu confinamento definitivo em abismos infernais ou paragens celestiais.

Duas almas que seguissem caminhos diferentes, por maior fosse o amor que sentissem uma pela outra, estariam definitivamente separadas, como a mãe virtuosa no Céu, apartada do filho, pecador irremissivelmente segregado no Inferno.

Não há misericórdia nessa concepção, porquanto não se permite nem mesmo que a mãe socorra o filho.

Pior — ela será feliz no Céu, sem condoer-se do filho no Inferno?

Nenhum tratado de teologia dogmática cogita da vida familiar Além-Túmulo, impossível no Inferno, dispensável no Céu.

Na reencarnação ocorre o contrário.

Em primeiro lugar, salvo exceções, estagiamos muito mais tempo no Plano Espiritual, a pátria comum, onde os Espíritos formam comunidades, atendendo à condição gregária que caracteriza os seres pensantes da Criação.

Encarnados ou desencarnados, fomos criados para a convivência social.

E aqueles com os quais temos afinidade poderão estar conosco, acompanhando-nos na experiência humana ou no Mundo Espiritual.

O amor entranhado que sentimos por nossos familiares não é fruto simplesmente das ligações consanguíneas ou de convivência efêmera nesta vida. Vem do passado distante, sedimentado por múltiplas experiências em comum, a caminho do amor fraterno, o amor perfeito preconizado e exemplificado por Jesus.

***

É importante formar uma *consciência reencarnatória*, a plena compreensão de que estamos em trânsito pela Terra, em jornada de aprendizado e reajuste.

É preciso valorizar essa abençoada bolsa de estudos que Deus nos concede no educandário terrestre, com os benefícios do esquecimento, a fim de superarmos paixões e fixações que precipitaram nossos fracassos no passado.

10

Filhos perfeitos

Os Espíritos evoluem sempre. Em suas múltiplas existências corpóreas podem estacionar, mas nunca regridem. A rapidez do seu progresso, intelectual e moral, depende dos esforços que façam para chegar à perfeição.

Quando usamos a expressão perfeccionista, dependendo da entonação e circunstância, podemos exprimir ácida crítica ou eloquente elogio.

O homem diz:

— Minha mulher é uma perfeccionista. Incapaz de dormir se no quarto há uma gaveta ligeiramente aberta. As crianças e as domésticas veem-se em papos de aranha com ela.

Está sugerindo que se trata de uma neurótica compulsiva que perturba todos na casa com sua mania de limpeza e de ordem.

A secretária diz:

— Meu chefe é um perfeccionista. Nunca está satisfeito com meu trabalho. Obriga-me a alterar mil vezes o texto de uma correspondência, até deixar-me estressada.

Está anunciando que se subordina a um maníaco obcecado que quer levá-la à loucura.

Mas podemos também exprimir admiração por alguém, reconhecendo que procura dar o melhor de si.

— Aquele músico é um perfeccionista. Compõe poucas músicas, mas de harmonia irretocável.

— Aquele marceneiro é um perfeccionista. Enquanto outros fabricam vários móveis, ele produz um apenas, mas será uma peça de arte, acabamento primoroso.

***

Bem, nem todos somos perfeccionistas, no bom ou no mau sentido, mas, sem nenhuma exceção, somos todos perfectíveis, isto é, passíveis de aprimoramento contínuo.

Seres imortais, evoluímos incessantemente ao longo dos milênios.

Fomos:

• O princípio espiritual que animou vegetais...

• A consciência embrionária que agitou irracionais...

• O selvagem que disputava espaço com feras famintas...

• O homem medieval às voltas com guerras e disputas...

Somos o homem moderno, perplexo com as conquistas do século, a enfrentar complexos desafios relacionados com o desenvolvimento tecnológico.

Assim iremos, de degrau em degrau, desenvolvendo potencialidades, aprimorando-nos moral e intelectualmente, crescendo em espiritualidade, rumo a glorioso porvir, transformando-nos em prepostos de Deus, partícipes da Criação.

Jesus é o guia maior.
Está aonde chegaremos um dia.
Esteve onde estagiamos hoje.

***

Aprendemos com a Doutrina Espírita que todo patrimônio intelectual, moral e espiritual que adquirimos é inalienável. Não o perderemos jamais. Será sempre o nosso passaporte para um futuro melhor.

Ninguém retrograda.

Infelizmente, porém, muitos se distraem, estacionam, atrasam-se...

Isso acontece quando as pessoas perdem o entusiasmo, quando deixam de olhar para dentro de si mesmas, quando desistem de aprender, de lutar contra suas imperfeições, quando se acomodam aos vícios e paixões.

Então marcam passo, vivendo na Terra como sonâmbulos.

Falam, ouvem, movimentam-se, mas têm a consciência adormecida.

Raros despertam por sua própria iniciativa.

Muitos só o fazem com o concurso da sorte.

E há os que insistem em permanecer adormecidos.

Competirá à morte, a grande ceifeira, a tarefa de renovar-lhes as disposições, despertando-os do sono voluntário.

Para não experimentarmos o constrangimento de constatar, quando chegar nossa hora, que fomos dorminhocos na Terra, seria interessante avaliássemos, diariamente, como anda nosso aprendizado.

Intelectualmente, quantos livros temos lido, que estudos temos feito, que experiências temos desenvolvido?

Moralmente, estamos melhores hoje do que ontem? Estamos contendo nossos impulsos inferiores? Cultivamos valores espirituais?

***

O Espiritismo deixa bem claro que não podemos perder tempo. É preciso caminhar, buscar novos horizontes, desenvolver potencialidades, ampliar conhecimentos, aprimorar sentimentos.

É importante, em nosso próprio benefício, que busquemos priorizar o desenvolvimento moral, procurando saber o que Deus espera de nós.

Como fazê-lo?

É simples. A vontade de Deus está definida com perfeição no Sermão da Montanha:

Tendes ouvido o que foi ensinado aos antigos:
— Amarás o teu próximo e odiarás o teu inimigo.
Eu, porém, vos digo:
Amai os vossos inimigos; fazei o Bem aos que vos odeiam; bendizei os que vos amaldiçoam; orai pelos que vos perseguem e caluniam, a fim de serdes filhos de vosso Pai que está nos Céus, Ele que faz nascer seu Sol sobre bons e maus e faz chover sobre os justos e sobre os injustos.
Porque, se só amardes os que vos amam, que recompensa tereis?
Não fazem o mesmo os publicanos e os pecadores?
Se somente saudardes os vossos irmãos, que fazeis nisto de especial?
Não fazem o mesmo os gentios?
Sede, pois, perfeitos, como é perfeito vosso Pai Celestial (*Mateus*, 5).

Ao abordar o mesmo tema, no capítulo 6, de seu Evangelho, Lucas situa uma expressão complementar de Jesus: "Sede, pois, misericordiosos, como vosso Pai é misericordioso".

Conciliando os dois textos, diríamos que Jesus situa a misericórdia como sinônimo de perfeição moral.

Ela se exprime na compaixão pelas misérias alheias, na capacidade de nos compadecermos do próximo, sem distinções ou discriminações, mesmo quando nos cause prejuízos.

Jesus foi o grande campeão neste particular, dedicando sua existência ao empenho por socorrer os sofredores e necessitados de todos os matizes.

Compadeceu-se dos próprios algozes na cruz, pedindo a Deus: "Pai, perdoa-lhes, pois não sabem o que fazem" (*Lucas*, 23:34).

***

É interessante notar que estamos todos tão longe da misericórdia, que nos surpreendemos quando vemos alguém exercitá-la com desenvoltura.

É como se fosse um ET, um ser de outro mundo.

Ficamos pasmos diante de uma Madre Teresa de Calcutá, pequenina, frágil, saúde precária... Não obstante, exerceu poderosa e benéfica influência sobre centenas de seguidores e admiradores.

Como o conseguia?

Simplesmente sendo misericordiosa.

Madre Teresa fez de sua vida um exercício de misericórdia. Viveu para servir, devotando entranhado amor aos pobres, doentes e sofredores de todos os matizes.

***

O mundo assistiu emocionado, há algum tempo, às cerimônias que envolveram o sepultamento da Princesa

Diana, que o cantor Elton John chamou, inspiradamente, Rosa da Inglaterra, *vela que se apagou breve, mas gerou a luz de uma lenda imortal.*

Por que toda essa mística em torno dela?

Por que tanta gente chorando?

Afinal, foi uma jovem comum, que teve seus sonhos, seus anseios, suas decepções e dores, suas fraquezas e limitações...

A resposta está em centenas de representantes de instituições filantrópicas, que foram convidados a acompanhar o cortejo fúnebre. Atendem a órfãos, a enfermos, a velhos, a aidéticos, a mutilados de guerra, que ela visitou, apoiou e beneficiou.

As imagens mais duradouras, que falam mais de perto a todos nós, não são as dos *paparazzi*, envolvendo sua privacidade, mas aquelas em que ela aparece abraçando aidéticos, beijando crianças, acariciando anciãos, com espontaneidade e carinho.

Essas imagens nos dizem que ela foi alguém especial, que exercitou a misericórdia, caminho perfeito de nossa realização como filhos de Deus.

Por isso será inesquecível tal como Madre Teresa de Calcutá.

***

Ouvi, certa feita, um pregador afirmar que somos todos *criaturas* de Deus.

Somente os que aceitam Jesus, segundo os princípios de sua crença, são *filhos* de Deus.

Pobre pregador!

Decorou o Evangelho, mas não entendeu Jesus.

Todos somos filhos do Altíssimo, herdeiros da Criação.

Para entrarmos na posse de nossa herança e assumirmos nossa posição, falta-nos um único dom: *que cultivemos a misericórdia!*

Então seremos filhos perfeitos de Deus!

11

Em que degrau estamos?

*Os Espíritos pertencem a diferentes ordens, conforme
o grau de perfeição a que tenham alcançado: Espíritos
puros, que atingiram a perfeição máxima; bons Espíritos,
nos quais o desejo do Bem é o que predomina;
Espíritos imperfeitos, caracterizados pela ignorância,
pelo desejo do Mal e pelas paixões inferiores.*

No livro Gênesis, na *Bíblia*, capítulo 28, há uma passagem famosa que envolve a figura de Jacó, um dos patriarcas do povo judeu.

Certa feita, em viagem, chegando num local desconhecido, à noite, deitou-se para descansar.

Adormecendo, sonhou que a partir dali se erguia uma escada que se alongava ao Céu. Anjos subiam e desciam pelos degraus sem-fim.

Ao lado estava Jeová, o deus bíblico, que lhe concedeu, e à sua descendência, a terra onde repousava. E renovou a promessa de que o povo judeu haveria de se estender por toda a Terra, como o pó do chão.

A concessão não deu muito certo.

Os judeus, na maior parte de sua história, permaneceram sob domínio estrangeiro. Pior: a partir do ano 70 da Era Cristã, sob o comando do General Tito, as forças romanas arrasaram Jerusalém. Os descendentes de Jacó foram dispersados pelo mundo.

Não eram triunfantes conquistadores, como vaticinara Jeová.

Apenas egressos de uma nação que perdera seu território.

***

Bastante sugestiva, nesta passagem, é a escada de Jacó a estender-se ao infinito.

Simboliza a jornada do Espírito rumo à perfeição.

À medida que desenvolvemos nossas potencialidades criadoras e aprimoramos nossos sentimentos, galgamos degraus, aproximando-nos cada vez mais do Céu, a exprimir-se na plena realização como filhos de Deus, na geografia da consciência.

Os anjos que sobem e descem a escada simbolizam os Espíritos Superiores, que amparam e ajudam seus irmãos em evolução, já que a solidariedade é sua característica mais expressiva.

Por isso costuma-se dizer que a felicidade do Céu é socorrer a infelicidade da Terra.

***

Em *O livro dos espíritos*, na questão 97, Kardec pergunta ao mentor espiritual se há uma quantidade determinada de ordens ou graus de perfeição dos Espíritos.

O mentor responde que esse número é ilimitado.

É a mesma ideia da escada que se estende ao Infinito. Impossível contar os degraus, por onde subimos rumo à perfeição. Mas, em linhas gerais, observando as características individuais, diz o mentor que podem ser definidas três ordens:

Na *primeira ordem*, os Espíritos puros, que atingiram a *perfeição máxima*.

Observe, leitor, que o mentor não fala em perfeição absoluta. Se a atingíssemos, estaríamos nos igualando a Deus.

Certa feita, adolescente ainda, ouvi dois confrades discutindo a respeito do assunto.

Chegaram à conclusão de que o progresso é infinito e que o próprio Criador também evolui. Somente assim seria sempre superior às suas criaturas.

Aquilo me parecia muito estranho e hoje entendo que os dois companheiros estavam equivocados.

Deus está no absoluto — o Criador incriado.

Nós estaremos sempre no relativo — suas criaturas.

Como tais, há um limite para nosso desenvolvimento, que o mentor chama de *perfeição máxima*.

Poderíamos situá-la como o pleno desenvolvimento de nossas potencialidades criadoras e o pleno conhecimento e observância das Leis Divinas, *mas sempre o relativo diante do Absoluto.*

Na *segunda ordem*, os Espíritos que chegaram ao meio da escala. Predomina neles o desejo do Bem. Não obstante suas imperfeições, orientam-se pelo anseio de servir, de ajudar, de estudar, de resolver seus enigmas e contradições.

Na *terceira ordem*, os Espíritos que ainda se acham na parte inferior. A ignorância, o envolvimento com o Mal, as paixões e os vícios são suas características marcantes.

***

Em *O livro dos médiuns,* um manual sobre as manifestações mediúnicas, Allan Kardec enfatiza o cuidado que devemos ter com a identidade dos Espíritos, a fim de não incorrermos em perigosos enganos na apreciação do que dizem. Ressalta como definir a que ordem pertencem, a partir de seu comportamento e do conteúdo de sua mensagem.

Situa, por exemplo, uma classe de Espíritos que chama de pseudossábios. Estes podem discorrer com facilidade sobre muitos assuntos, demonstram erudição, mas apresentam conceitos equivocados que exprimem seus próprios preconceitos e ideias sistemáticas, distanciados da verdade.

O grande problema no meio espírita é a lamentável tendência de se acolher Espíritos dessa natureza, transvestidos em mentores, cujas opiniões são aceitas sem discussão.

O pior é que as pessoas habituam-se a consultá-los, tomando-os à conta de infalíveis. Situam-se como *cegos guiados por outros cegos*, conforme a expressão evangélica.

Há casos exemplares:

• Uma mulher abandonou marido e filhos porque o "mentor" lhe disse que um homem por quem se apaixonara era sua "alma gêmea", que chegara para programada experiência em comum...

• Um diabético entrou em coma e quase morreu porque o "guia" lhe recomendou que substituísse a insulina por determinado chá...

• Uma empresa foi à falência porque seus proprietários seguiam a orientação de um "mentor" que, certamente, não entendia nada de finanças...

• Um homem cortou relações com um vizinho porque o "guia" lhe dissera que, por inveja, o referido fizera um "despacho" para prejudicá-lo...

• Um grupo mediúnico empenhou-se na divulgação de livros psicografados por um de seus integrantes. Textos mal alinhavados, linguagem pobre, ortografia precária, flagrantes erros doutrinários. Mesmo assim foram publicados porque o autor espiritual, ninguém menos que o próprio "guia", afirmava tratar-se de importante contribuição em favor da Doutrina Espírita.

***

Todos que mourejamos na Terra somos, obviamente, Espíritos.

Uma única diferença nos distingue — estamos encarnados.

Assim, a escala espírita vale para nós.

Também estamos num determinado degrau da imensa escada que nos conduzirá aos páramos celestes.

Haverá entre nós Espíritos da primeira ordem, puros, perfeitos?

Houve um apenas: *Jesus*.

***

Espíritos da segunda ordem, que se orientam exclusivamente pelo desejo de fazer o Bem, têm transitado em número razoável pelas paragens terrestres.

São os grandes idealistas, que, não obstante suas limitações, trabalham em favor do progresso humano. Ainda que em posições de subalternidade, destacam-se pelo comportamento, empenhados em cuidar do próximo.

Muitos nem precisariam reencarnar. Deixam os patamares mais altos em que se encontram para estimular à ascensão os irmãos que se demoram em degraus mais baixos.

***

Perto da base situamo-nos todos nós, pobres humanos ainda orientados pelo egoísmo.

Sonhamos altos voos de espiritualidade, mas temos os pés chumbados no chão.

Admiramos a virtude, mas não conseguimos vencer o vício.

Exaltamos a palavra mansa, mas frequentemente caímos na expressão agressiva.

Como diz Paulo, queremos o Bem, mas nos envolvemos com o Mal.

Nossa evolução primária evidencia-se no trato com as pessoas que se comprometem com o crime.

Se lemos no jornal que alguém estuprou uma criança, logo pensamos que a pena de morte seria pouco para esse "monstro", que antes deveria ser submetido às piores torturas, numa clara alusão ao *olho por olho* da anacrônica legislação mosaica que Jesus revogou há dois mil anos.

Será que um Espírito da segunda ordem pensaria assim? Ou enxergaria nesse criminoso um doente necessitado de tratamento, como está no ensino evangélico?

O nosso anseio de justiça cheira a vingança.

Se alguém nos faz um desaforo, logo "soltamos os cachorros", para "colocar o imbecil em seu devido lugar".

Os que, por um prodígio de disciplina, silenciam, não fazem melhor, consumindo-se em rancor.

***

Moralmente, a escada de Jacó situa-se em nossa própria consciência.

Para galgar seus degraus até o Céu da inalterável serenidade que sustenta a alegria de viver, mister aprimorar nossos sentimentos, superar a agressividade própria do comportamento humano.

É algo como está numa interessante história relatada por Daniel Goleman, em seu livro *Inteligência emocional*:

> Um guerreiro samurai certa vez desafiou um mestre Zen a explicar o conceito de Céu e Inferno. Mas o monge respondeu-lhe com desprezo:
> — Não passas de um rústico... não vou desperdiçar meu tempo com gente da tua laia!
> Atacado na própria honra, o samurai teve um acesso de fúria e, sacando a espada da bainha, berrou:
> — Eu poderia te matar por tua impertinência.
> — Isso — respondeu calmamente o monge — é o Inferno. Espantado por reconhecer como verdadeiro o que o mestre dizia acerca da cólera que o dominara, o samurai acalmou-se, embainhou a espada e fez uma mesura, agradecendo ao monge a revelação.
> — E isso — disse o monge — é o Céu.

12

A influência dos Espíritos

*As relações dos Espíritos com os homens
são constantes e sempre existiram.*

*Os bons Espíritos nos atraem para o Bem, nos
sustentam nas provas da vida e nos ajudam
a suportá-las com coragem e resignação.*

Os imperfeitos nos impelem para o Mal.

Desde as épocas mais remotas cogitou-se da existência de seres sobrenaturais.

Os gregos primeiro, os romanos depois, criaram toda uma mitologia em torno do assunto, envolvendo os deuses, habitantes do Olimpo que se imiscuíam entre os homens, a interferirem em suas iniciativas.

Eram caprichosos e dominados por paixões.

A guerra de Troia, decantada nos versos famosos de Homero, teve sua origem numa briga entre deusas enciumadas, quando se elegeu a mais bela de todas. Algo bem humano.

Divindades secundárias habitavam o cotidiano das pessoas, sempre evocadas em busca de seus favores:

• As musas, que inspiravam os artistas.

• As náiades, que davam propriedades curadoras às águas...

• Os cupidos, servos de Eros, deus do amor, que inoculavam a paixão com suas flechadas...

• Os penates, que protegiam o lar.

• Os faunos, que velavam pelos rebanhos e culturas.

• As parcas, que presidiam os destinos humanos.

Os gregos apreciavam consultar os oráculos, deuses que respondiam perguntas valendo-se das pitonisas, mulheres que lhes serviam de intérpretes.

Era famoso o oráculo de Delfos, onde Apolo, o deus da luz, oferecia enigmáticas respostas às consultas que lhe eram feitas.

***

Os judeus do Velho Testamento também estiveram às voltas com o sobrenatural. Sua história se confunde com toda uma mitologia envolvendo o assunto.

Destaque para Jeová, o senhor dos exércitos, uma curiosa personalidade que lembrava, em certos aspectos, Marte, deus romano da guerra, sempre orientando seus tutelados no sentido de conquistarem territórios pela força das armas.

Destituído de piedade, recomendava que passassem a fio de espada, em terra inimiga, tudo o que tivesse fôlego.

À semelhança de outros povos antigos, os judeus também procuravam os instrumentos do sobrenatural — oráculos e pitonisas —, ávidos por saber o que lhes reservava o futuro.

Tantos foram os excessos ao tempo de Moisés que o enérgico legislador decidiu proibir aquelas evocações.

***

O apostolado de Jesus é pontilhado de contatos com o sobrenatural.

Em inúmeras circunstâncias libertou pessoas assediadas pelos então chamados *Espíritos imundos*.

— *Que temos contigo, Jesus de Nazaré! Vieste para nos perder!* — reclamavam.

Os discípulos, seguindo as orientações de Jesus, evocavam os poderes invisíveis. Eram frequentes no seio da comunidade cristã as manifestações de gênios do Bem, conhecidos genericamente como o *Espírito Santo*. E também socorriam as vítimas dos *Espíritos imundos*.

Na Idade Média, à semelhança do que fizera Moisés, pretendeu-se coibir esse contato, que contrariava os interesses vigentes. Muita gente foi parar na fogueira por cultivá-lo. Todas as manifestações eram consideradas demoníacas, mesmo que se reportassem ao Bem e à Verdade.

***

Com a Doutrina Espírita, a partir do século XIX, um novo entendimento surgiu a respeito do sobrenatural.

Utilizando-se de pessoas dotadas de sensibilidade para um contato com os seres invisíveis, os chamados médiuns, Allan Kardec fez surpreendente constatação:

Os deuses, os anjos, os demônios, os Espíritos "imundos", que povoam o imaginário humano, existem sim, mas são simplesmente homens desencarnados, ou as almas dos mortos, agindo no plano espiritual de conformidade com suas tendências, seu grau de evolução e de entendimento.

Não há nada de "sobrenatural" em sua ação.

Atuam a partir de Leis Naturais que desconhecemos.

***

Na questão 459, de *O livro dos espíritos*, interroga Allan Kardec: "— Influem os Espíritos em nossos pensamentos e ações?"

Responde, incisivamente, o mentor: "— Muito mais do que imaginais. Influem a tal ponto que de ordinário são eles que vos dirigem".

Essa influência pode ser boa ou má.

Ficaríamos assombrados se pudéssemos perceber como ela é intensa em nossa vida.

Alguns exemplos:

• Um simpatizante entusiasma-se com a visão objetiva que o Espiritismo oferece a respeito da existência humana e com os recursos de ajuda espiritual mobilizados no centro espírita que frequenta. No entanto, ocorrem contratempos nos dias de reunião. Recebe visitas, há inesperados problemas de saúde com familiares, o automóvel sofre desarranjos...

Espíritos que lhe exploram o psiquismo não querem sua iniciação em princípios capazes de resguardá-lo de sua influência. Assim, opõem entraves à sua participação.

• Recatada e virtuosa, a esposa é um modelo de fidelidade. Não obstante, o marido, ciumento e desconfiado, conturba o relacionamento com acusações descabidas. Acaba por agredi-la, precipitando constrangedora situação que poderá culminar com a separação.

É ele inspirado por perseguidores espirituais que exacerbam suas inquietações afetivas, intentando a dissolução da família.

• Um homem já não suporta a neurastenia da esposa, suas crises de irritação. Quer um pouco de paz. Vai dormir disposto a deixar o lar no dia seguinte. No entanto, acorda com outro ânimo, reconhecendo que a situação não é tão ruim quanto lhe parecia na véspera.

Durante as horas de sono esteve em contato com familiares ou amigos desencarnados, que lhe fizeram sentir a inconveniência de uma separação e o advertiram de suas responsabilidades.

• Uma mulher sofre crônica depressão. Submete-se a tratamentos diversos. Melhora, mas o mal recrudesce sempre, com a ideia fixa de que será melhor morrer, embora tenha uma família boa, um marido atencioso e razoável situação financeira. Procura um centro espírita. Recebe tratamento magnético, estuda a Doutrina, integra-se em serviços assistenciais, cultiva a oração... O ânimo melhora, readquire a alegria de viver.

Revitalizada pelo tratamento magnético e modificando suas disposições, mudou a sintonia vibratória e se livrou de Espíritos perturbadores que inspiravam suas angústias.

Em todas essas situações podemos identificar a presença do "sobrenatural", a nos pressionar.

***

A fim de nos livrarmos dos maus Espíritos, habilitando-nos à proteção dos bons, fundamental compreender que nossa relação com a Espiritualidade opera-se pelos condutos do pensamento, observado o fator sintonia.

Se cultivo os aspectos positivos da existência; se sou otimista, bem-humorado, dotado de boa vontade, humilde, compreensivo, tolerante, nenhum Espírito conseguirá inocular-me ideias infelizes, porque não haverá espaço em minha mente para suas sugestões.

Conclusão óbvia:

Nossos estados de ânimo não dependem simplesmente da influência dos Espíritos.

Ao contrário — geralmente a influência dos Espíritos decorre de nossos estados de ânimo.

Isso acontece com frequência nos acontecimentos mais funestos.

A pessoa diz: — Não sei o que aconteceu comigo. De repente fui envolvido por uma força estranha, perdi o controle e agredi minha mulher.

Está querendo atribuir o ato de violência a pressões espirituais. Certamente elas estavam presentes, mas não originaram a agressão. Apenas acentuaram o impulso agressivo.

Os Espíritos inferiores não nos induzem ao Mal.

Exploram o Mal que está em nós.

***

Neste aspecto é importante considerar a questão 469, de *O livro dos espíritos,* quando Kardec pergunta: "— Como podemos neutralizar a influência dos maus Espíritos?".

Ao que responde o mentor espiritual que o assiste: "— Praticando o Bem e pondo em Deus toda a vossa confiança".

A resposta é clara e incisiva.

As duas recomendações são basilares.

Se a influência espiritual inferior está relacionada com o fator sintonia, ocupando nossa mente com os valores do Bem inibimos a ação dos obsessores.

Há quem imagine que praticar o Bem é dar esmolas ou contribuir para instituições assistenciais.

Isso é razoável, mas o Bem não pode ocupar tão reduzido espaço em nossa vida.

É preciso dar-lhe amplitude.

Não se faça eventual a bondade.

Seja ela um jeito de viver.

Certa feita encontrei um homem que espetava um galho de árvore num buraco aberto pela chuva, na via pública.

— Se não colocar essa sinalização — disse-me — algum carro vai se acidentar.

Quantas pessoas pensariam nisso?

Quantas estão sempre dispostas a servir, a fazer algo em benefício do próximo?

Um rapaz faleceu em trágico acidente.

Certamente retornou aos planos mais altos da Espiritualidade, após breve jornada na Terra.

Você concordará comigo, leitor, sabendo algo a seu respeito.

Era alguém que lavava pessoalmente suas roupas, evitando sobrecarregar sua mãe e também porque não achava justo que ela cuidasse de algo que lhe competia fazer. Arrumava sua cama, trazia em perfeita ordem objetos de uso pessoal, o material escolar... Ajudava nas tarefas domésticas, ocupava inteiramente seu tempo no empenho de servir.

Certamente, não era deste mundo!

Grande parte das brigas e desentendimentos no lar são fruto da displicência de seus membros em relação a elementares valores, como disciplina, boa vontade, respeito, compreensão, colaboração, gentileza...

Ressalte-se: a disposição de servir sem cobrar reciprocidade é *a alma do Bem*.

Participantes do agrupamento doméstico, particularmente os adolescentes, comportam-se, não raro, como hóspedes descuidados, deixando para a dona da casa ou a serviçal o encargo de pôr ordem na bagunça que fazem.

Se não colaboram no lar, com certeza terão dificuldade em cumprir seus deveres perante a comunidade, particularmente no exercício da solidariedade, a chave mágica do bem-estar social.

Pessoas que pensam nos outros e dão o melhor de si em favor do semelhante são bem ajustadas e felizes, imunizadas contra a influência das sombras — vestem-se com a luz do Bem.

***

Confiar em Deus é ter a certeza de que Ele é o nosso Pai, que nos protege, que nos guia, que nos inspira, que nos reserva um futuro melhor...

A pessoa que guarda temores e angústias em face de determinadas situações, favorecendo a influência dos maus Espíritos, simplesmente está revelando a precariedade de sua crença.

Se confio em Deus jamais ficarei inseguro.

Enfrentarei situações difíceis, problemas complexos, mas estarei firme, forte, disposto, animado, consciente de que Deus proverá.

Espíritos obsessores não conseguem envolver aquele que confia em Deus.

Por isso o Apóstolo Paulo diz: "Se Deus estiver conosco, quem estará contra nós!".

Essa gloriosa presença de Deus é exaltada pelo Espírito José Silvério Horta, que foi sacerdote em sua romagem terrena.

Em *Oração*, emocionantes versos psicografados por Francisco Cândido Xavier, lembra a oração dominical (*Parnaso de além-túmulo*, edição FEB):

Pai Nosso, que estás nos Céus,
Na luz dos sóis infinitos,
Pai de todos os aflitos
Deste mundo de escarcéus.

Santificado, Senhor
Seja o teu nome sublime,

Que em todo o Universo exprime
Concórdia, ternura e amor.

Venha ao nosso coração
O teu reino de bondade,
De paz e de claridade
Na estrada da redenção.

Cumpra-se o teu mandamento
Que não vacila e nem erra,
Nos Céus, como em toda a Terra
De luta e de sofrimento.

Evita-nos todo o Mal,
Dá-nos o pão no caminho,
Feito na luz, no carinho,
Do pão espiritual.

Perdoa-nos, meu Senhor,
Os débitos tenebrosos,
De passados escabrosos,
De iniquidade e de dor.

Auxilia-nos, também,
Nos sentimentos cristãos,
A amar nossos irmãos
Que vivem longe do Bem.

Com a proteção de Jesus,
Livra a nossa alma do erro,
Sobre o mundo de desterro,
Distante da vossa luz.

Que a nossa ideal Igreja
Seja o altar da Caridade,
Onde se faça a vontade
Do vosso amor... Assim seja.

13

A flor e o espinho

*Jesus é o guia e modelo para toda a Humanidade.
E a Doutrina que ensinou e exemplificou é
a expressão mais pura da Lei de Deus.*

Medições precisas, mediante cálculos astronômicos, demonstram que a Terra tem perto de quatro bilhões e quinhentos milhões de anos.

Se quisermos ter uma ideia do que é esse tempo, imaginemos a história de nosso planeta contada num livro de quinhentas páginas, desde o momento em que se desprendeu do Sol, massa de fogo incandescente.

O ser humano surgiria na derradeira linha da última página. Na última letra da palavra final estaria contida a história da civilização ocidental.

***

Segundo Darwin, a evolução dos seres vivos se processa por seleção natural.

Indivíduos de uma mesma espécie conseguem adaptar-se a determinada situação, a partir de sutis modificações em sua estrutura, dando origem a mutações que resultam em novas espécies.

O processo é extremamente lento.

Demanda milhões de anos, razão pela qual não é perceptível.

A Doutrina Espírita admite a seleção natural, atendendo às contingências do planeta e à capacidade de adaptação das espécies, mas *com um reparo fundamental*.

Nada é aleatório.

Há um planejamento feito por Espíritos Superiores, prepostos do Cristo, que chamaríamos de engenheiros siderais, especializados em engenharia genética.

Eles é que, desde os primórdios, transformaram a Terra em gigantesco laboratório onde manipulavam, com recursos magnéticos, os genes, em experiências que visavam ao aperfeiçoamento dos seres vivos, até um estágio de complexidade que permitisse a encarnação dos seres pensantes — os Espíritos.

Este corpo que ostentamos, que causa espanto aos próprios cientistas por sua perfeição, levou milhões de anos para ser aprimorado pelos técnicos espirituais, que trabalham na intimidade das células, *direcionando* as mutações.

As espécies intermediárias que ficaram, compondo a fauna e a flora, situam-se em degraus evolutivos a serem galgados pelo princípio espiritual em evolução, a caminho da razão.

A Terra é hoje uma incubadora espiritual e ao mesmo tempo um educandário para Espíritos no estágio de evolução em que se encontra a Humanidade.

***

Tudo isso implica organização, marcada por uma hierarquia que envolve cadeias de comando a se afunilarem como uma grande pirâmide.

No topo, alguém dirigindo.

Aqui entra a figura extraordinária de Jesus, que, segundo informa Emmanuel, no livro *A caminho da luz*, psicografia de Francisco Cândido Xavier, não foi simplesmente o fundador de uma religião.

Muito mais que isso — é nosso Governador!

Quando a Terra foi formada, Jesus já era um Espírito puro e perfeito, um preposto de Deus.

Foi, então, convocado pelo Criador para governar o planeta, com a tarefa de presidir a sua evolução e orientar multidões de Espíritos que aqui seriam trazidos, quais alunos levados a uma escola para aprendizado específico relacionado com suas necessidades.

Somos todos tutelares do Cristo, que nos conduz, segundo a expressão do salmista, pelas *veredas retas da Justiça*.

E ainda que muitos, quais adolescentes rebeldes e inquietos, desdenhem suas lições, comprometendo-se em desatinos que fazem a perturbação do mundo, permanecemos todos sob controle e mais cedo ou mais tarde terminaremos em seus caminhos, tangidos pela dor, amadurecidos pela experiência.

***

Alunos do educandário terrestre, temos recebido a visita de muitos professores, cultos e sensíveis, que periodicamente nos trazem algo de seus conhecimentos, de suas virtudes.

Moisés, Isaías, Lao-tsé, Buda, Confúcio, Sócrates, Platão, Aristóteles, e Francisco de Assis são alguns deles.

Vale destacar Moisés, que, não obstante incapaz de superar as limitações de sua época, foi suficientemente lúcido e firme no propósito de conduzir o povo judeu pelos caminhos do monoteísmo, a crença no Deus único, criando condições para que a Humanidade recebesse a primeira Revelação Divina.

Está consubstanciada na Tábua dos Dez Mandamentos, recebida no Monte Sinai, que, em síntese, ensina ao homem o que não deve fazer: "Não matar, não roubar, não mentir, não cobiçar nada do próximo, não cometer adultério, não desrespeitar os pais".

É a revelação da Justiça, o princípio segundo o qual nossos direitos terminam onde começam os direitos do semelhante.

***

E houve a Revelação Maior, tão grandiosa, tão transcendente, tão sublime, que o próprio Governador da Terra decidiu trazê-la pessoalmente, a fim de que fosse apresentada em toda sua pujança, sem problemas, sem distorções.

Foi assim que Jesus aportou ao planeta com a divina chama do Amor.

A palavra amor, embora empregada e decantada hoje mais do que nunca, está repleta de conotações infelizes que a desgastam.

Muitos confundem amor com sexo, ignorando a lição elementar de que o sexo é apenas parte do amor e não a mais importante.

Há os que fazem do amor um exercício de exclusivismo, sufocando o ser amado com exigências descabidas.

Há os que amam como quem aprecia um doce. Gostam dele porque satisfaz o paladar... Assim, cansam-se logo de amar, porque estão saciados ou empolgados por novos sabores.

Há os que fazem do amor um exercício de egoísmo a dois, pretendendo construir um céu particular. Dane-se o resto.

O amor não é nada disso!

É muito mais que isso!

Em sua grandeza essencial, o amor é um exercício de fraternidade e solidariedade entre os homens, inspirando a derrubada das barreiras de nacionalidade, raça e crença, para que sejamos na Terra uma grande família.

Foi para nos transmitir essa Revelação Gloriosa, esse tipo de Amor, que Jesus esteve entre nós, não desdenhando lutas e sacrifícios.

***

Mergulhando na carne, Jesus, desde a infância, superou o choque biológico do nascimento, que impõe o esquecimento do passado, mostrando-se na plena posse de seus conhecimentos e virtudes.

É ilustrativo o episódio no templo, em Jerusalém, quando maravilhou os doutores da Lei com uma sabedoria invulgar, inconcebível num adolescente.

Em outros aspectos do apostolado de Jesus identificamos sua grandeza:

• Na clareza de suas ideias e na admirável capacidade de síntese. O Sermão da Montanha é uma obra-prima de concisão e simplicidade, que atende às aspirações éticas e estéticas de todas as inteligências, mas convidando-nos a ser filhos verdadeiros de Deus.

• Na firmeza de suas convicções, disposto a enfrentar a própria morte por manter fidelidade aos seus princípios.

• Nos prodígios que realizou, transformando a água em vinho, multiplicando pães e peixes, andando sobre as águas, curando enfermos de todos os matizes, a demonstrar que era alguém muito especial.

• No estoicismo diante dos sofrimentos que lhe impuseram, sem queixas, sem vacilações.

• Na admirável capacidade de perdoar seus algozes e os próprios discípulos, que o haviam abandonado no momento extremo, fugindo precipitadamente.

• Nos exemplos de humildade e sacrifício ao longo de seu apostolado, marcados indelevelmente pela manjedoura e a cruz.

Na questão 625, de *O livro dos espíritos,* Kardec pergunta: "— Qual o tipo mais perfeito que Deus ofereceu ao homem, para lhe servir de guia e modelo?".

Responde o mentor espiritual que o assiste: "— Jesus".

E comenta o Codificador:

> Para o homem, Jesus constitui o tipo da perfeição moral a que a Humanidade pode aspirar na Terra. Deus no-lo oferece como o mais perfeito modelo e a doutrina que ensinou é a expressão mais pura da Lei do Senhor, porque, sendo ele o mais puro de quantos têm aparecido na Terra, o Espírito Divino o animava.

Adeptos de qualquer doutrina religiosa vinculada ao Cristianismo, felizes aqueles que aceitam Jesus por Mestre, que colocam em prática as suas lições, que imitam seus exemplos.

Estes vivem sempre bem, felizes e animados, mesmo em meio às dores e atribulações humanas, porque, como diz Cármen Cinira, em *O viajor e a fé*, psicografia de Francisco Cândido Xavier (*Parnaso de além-túmulo*): "[...] com o mundo uma flor tem mil espinhos, / Mas com Jesus um espinho tem mil flores!".

14

O uso da gravata

A Moral do Cristo, contida no Evangelho, é o roteiro para a evolução segura de todos os homens, e a sua prática é a solução para todos os problemas humanos e o objetivo a ser atingido pela Humanidade.

Há a história daquele viajor no deserto.

Sedento, pediu água a alguém que cruzou com ele.

— Não tenho água — respondeu o desconhecido —, apenas gravatas, lindas gravatas que estou levando para o mercado.

— Ora, que vou fazer com gravatas! — reclamou nosso herói. E continuou a vagar.

Mais adiante, cambaleante, encontrou outro homem.

— Água! Por favor, água!

— Sinto muito. Só tenho gravatas...

Exausto, quase morto de sede, encontrou um terceiro viandante, que também levava gravatas ao mercado.

O infeliz arrastou-se por vários quilômetros, até que, eufórico, viu um grande hotel a distância.

Reunindo suas últimas energias, chegou engatinhando à recepção e gemeu, rouquenho:

— Por favor, pelo amor de Deus, preciso de água!

O recepcionista o contemplou, compadecido, e respondeu:

— Desculpe, senhor. De acordo com o regulamento, não atendemos ninguém sem gravata.

***

Qualquer pessoa que se dê ao trabalho de analisar as lições de Jesus identificará nelas o mais precioso roteiro já oferecido ao homem para solução de seus problemas.

A palavra *Evangelho*, do latim *evangelium*, significa *Boa-Nova* e define com precisão a mensagem cristã.

É a excelente notícia da existência de um Deus Pai, que trabalha incessantemente pelo bem de seus filhos e pouco exige em favor de nossa felicidade:

Apenas que nos amemos uns aos outros.

As passagens evangélicas gravitam em torno dessa revelação, trocada em miúdos nas experiências do cotidiano, nas lições singelas, nos exemplos inesquecíveis de Jesus, com o permanente convite para que nos abeberemos dessa linfa pura que sacia para sempre nossa sede de paz.

***

Embora o roteiro evangélico seja claro e objetivo, raros atingem a celeste fonte de bênçãos.

E deparamo-nos, a todo momento, com cristãos sedentos de paz, tristes, deprimidos, angustiados, doentes, infelizes...

Qual o problema?

O que está faltando?

Elementar: *falta a gravata!*

Usá-la seria nos submetermos às disciplinas necessárias, que se exprimem no empenho de assimilar e vivenciar os ensinamentos de Jesus.

***

Alguns exemplos:

• *Diante das ofensas.*

Usar a gravata seria perdoar, *não sete vezes, mas setenta vezes sete*, isto é, perdoar incessantemente, incondicionalmente àqueles que nos ofendam, sem guardar ressentimentos ou cultivar a volúpia da mágoa.

Certa feita uma senhora, às voltas com complicada família, marido e filhos agressivos que infernizavam sua vida, reclamava com Chico Xavier. Não suportava mais. Estava prestes a explodir.

— Minha filha — dizia o abnegado médium —, Jesus recomendou que perdoemos não sete vezes, mas setenta vezes sete.

— Olhe, Chico, tenho feito contas. Perdoei meus familiares bem mais que 490 vezes. Já fiz o suficiente...

— Bem, minha filha, Emmanuel está ao meu lado e manda dizer-lhe que é para perdoar setenta vezes sete *cada tipo de ofensa*. Ainda há muito a perdoar.

• *Diante do desajuste alheio.*

Usar gravata seria não discriminar ninguém, procurando ajudar mesmo os que nos prejudiquem, lembrando com Jesus que os *sãos não precisam de médico*.

Uma senhora teve sua casa invadida por um amigo do alheio. Levou seus pertences, suas joias e o dinheiro que guardava em casa, mas não levou sua tranquilidade, seu espírito cristão.

Isso ficou patente quando o assaltante foi preso.

Ela o procurou na delegacia, passou a visitá-lo na prisão, deu-lhe livros espíritas, tornou-se sua amiga e confidente.

Com suas iniciativas, operou nele uma espantosa transformação, ajudando-o a reformular suas concepções de vida e a converter-se aos valores do Evangelho.

Tornou-se um homem de Bem.

• *Diante das dificuldades do mundo.*

Usar a gravata seria confiar na proteção divina, fazendo o melhor, cumprindo nossos deveres, *buscando o Reino de Deus e a sua Justiça*, confiantes de que tudo o mais virá por acréscimo.

Quando aquele jovem italiano começou a atender pobres, dando-lhes de comer e vestir, seu pai o censurou:

— Como te atreves a dar o que não te pertence! Tudo o que usas é comprado com meu dinheiro!

Então ele deixou tudo com o genitor, até suas próprias vestes!

Confiante em Deus, partiu para gloriosa missão.

Nascia Francisco de Assis, um dos vultos mais notáveis do Cristianismo.

• *Diante do falecimento de entes queridos.*

Usar a gravata seria retomar a normalidade, reassumir nossas vidas, cultivando bom ânimo, deixando *aos mortos cuidarem de seus mortos*, conforme a expressão evangélica — evitando questionamentos e apego, que paralisam nossa iniciativa e perturbam os que retornam à Pátria Espiritual.

Eles nos falam mais ou menos assim, nas comunicações mediúnicas ou nos contatos espirituais durante o sono.

— Amados, não se atormentem. Continuamos vivos, e retribuímos com intensidade maior o afeto, o carinho que nos dedicam. Também sentimos saudades. Vibramos com suas alegrias, choramos com suas tristezas, mas é preciso seguir em frente. O Senhor nos ampara a todos. Confiemos. O tempo passa célere. Em breve estaremos juntos novamente, na Vida Maior!

- *Diante do Mal.*

Usar a gravata é considerar que *antes de ver o cisco no olho do irmão é preciso retirar a lasca de madeira que está em nosso olho.*

Inconcebível apontar nos outros males que não superamos.

O pai surpreende o filho fumando.

Preocupado, procura alertá-lo:

— Meu filho, não fume. O cigarro afeta nossos pulmões, promove distúrbios circulatórios, cria sérios embaraços à nossa saúde.

— Mas, papai — responde o filho —, se o cigarro faz tanto mal, por que o senhor fuma?

***

Parece que a Doutrina Espírita cobra muito, não é mesmo, amigo leitor?

Se martelamos o dedo, não devemos praguejar — é vibração deletéria.

Se nos ofendem, não devemos revidar — é manifestação de animalidade.

Se a vida está difícil, não devemos reclamar — é sintonia negativa.

Se falece o ente querido, não devemos desesperar — é perturbação para ele.

Nem mesmo o prazer de uma fofoca! — É ver se não faríamos pior...

É difícil ser espírita!

Mas estamos equivocados se pensamos assim.

O Espiritismo é a doutrina da consciência livre.

Não cobra nada.

Apenas amplia o campo de nossas percepções, a nossa visão das realidades espirituais, mostrando-nos, como ensinava o Apóstolo Paulo, que *todas as coisas nos são lícitas, mas nem todas nos convêm.*

Imperioso, portanto, aplicar o Evangelho, buscando definir o que Jesus espera de nós.

Enquanto não o fizermos, jamais teremos acesso aos mananciais divinos, que saciam nossa sede de paz e harmonia.

Simplificando: *usemos a gravata!*

15

O efeito e a causa

O homem tem o livre-arbítrio para agir, mas responde pelas consequências de suas ações.

Relata o Evangelista Mateus, no capítulo 26 de seu *Evangelho*, que em plena madrugada Jesus estava no Getsêmani, um jardim de oliveiras, nas cercanias de Jerusalém, quando chegou o grupo enviado pelos sacerdotes para sua detenção.

O representante do Sinédrio deu a ordem de prisão.

Alguém iniciou violenta resistência, decepando-lhe a orelha com uma espada.

Teria sido Simão Pedro, segundo o Evangelista João.

Não obstante essa informação, é estranho que Pedro portasse uma arma. Afinal, tanto ele como os companheiros eram orientados por um Mestre que ensinava e exemplificava a mansuetude. Mateus, Marcos e Lucas, que também se reportam ao episódio, não identificam o agressor.

Jesus o conteve, advertindo: "— Guarda a tua espada, pois todos os que pegarem na espada, da espada morrerão".

Em seguida, segundo Lucas, tocou a orelha do homem e a curou.

Como todos os evangelistas informam que fora decepada, podemos considerar que Jesus operou o primeiro reimplante da História, simplesmente aplicando seu poderoso magnetismo.

Dia virá em que a Medicina empregará recursos semelhantes, substituindo as complexas e trabalhosas técnicas da cirurgia plástica.

Interessa-nos particularmente a observação de Jesus, que deu origem ao provérbio *Quem com ferro fere, com ferro será ferido.*

O Apóstolo Paulo diz algo semelhante na *Epístola aos gálatas* (6:7): "Não vos enganeis; Deus não se deixa escarnecer; pois tudo o que o homem semear, isso também ceifará".

Outro provérbio, inspirado nessa afirmativa, adverte: *Quem semeia ventos colhe tempestades.*

Há uma relação de causalidade entre o Mal que praticamos e o Mal que sofremos depois.

O prejuízo que impomos ao semelhante é débito em nossa conta, na contabilidade divina.

E pagamos aqui mesmo, afirmam Jesus e Paulo.

Inelutavelmente.

Sobre essa contingência, outro provérbio: *Aqui se faz, aqui se paga.*

***

Alguns aspectos devem ser considerados.

Há quem apronta horrores e morre, sem haver colhido um centésimo dos males que semeou.

Há quem usa e abusa da espada, no sentido de exercitar a violência. Não obstante tem vida longa e morre de causa natural.

Pior: pessoas de boa índole e caridosas enfrentam situações difíceis, sofrimentos imerecidos. Gente pacífica e prudente morre de forma violenta.

Estaria Jesus equivocado nas suas ponderações?

Evidentemente, não! Apenas tem sido mal interpretado.

É o que acontece quando deixamos de lado a ideia da reencarnação, que, associada à Lei de Causa e Efeito, compatibiliza a Justiça de Deus com as contingências humanas.

Pessoas que sofrem violências, que enfrentam acerbas dificuldades e atrozes padecimentos, aparentemente imerecidos, estão colhendo o que semearam em vidas anteriores.

***

Consideremos, entretanto, até para que possamos entender os mecanismos a que estamos sujeitos, que a Lei de Causa e Efeito, que gera o chamado carma da filosofia hindu, não deve ser confundida com a pena de talião, de Moisés, que se exprime no *olho por olho, dente por dente*.

Quando Jesus afirma que quem usa a espada com a espada perecerá, ou Paulo proclama que tudo o que semearmos colheremos, reportam-se ao fato de que receberemos de volta todo o Mal que praticarmos, em sofrimentos *correspondentes*, não necessariamente *idênticos*, o que equivaleria à sua perpetuação.

Mato alguém com um tiro. Alguém atirará em mim. Meu assassino será fuzilado por outrem... e assim, sucessiva e indefinidamente, eternizando o mal...

Aprendemos com a Doutrina Espírita que não é assim que funciona a Justiça de Deus.

Se atiro em alguém e ele morre estrebuchando, amanhã posso ter um distúrbio circulatório fulminante que também me levará a estrebuchar, impondo-me dor idêntica à de minha vítima e um retorno à espiritualidade igualmente violento e traumático.

As sanções divinas não dependem do concurso humano.

Todo prejuízo causado ao semelhante provocará desajustes em nosso corpo espiritual, o perispírito, os quais, nesta mesma existência ou em existências futuras, se manifestarão na forma de males redentores.

***

O fato de haver uma relação de causalidade nos problemas, doenças e dores que enfrentamos — consequência de nossas ações — não significa que as causas estejam necessariamente em vidas anteriores.

Muitos males que nos afligem têm origem em nosso comportamento na vida atual.

E há enfermidades, limitações e deficiências físicas que são decorrentes de mau uso, isto é, usamos mal o corpo e lhe provocamos estragos.

Resultado: abreviamos a jornada humana e seremos responsabilizados por negligência em relação à máquina física, que Deus nos concede, *por empréstimo*, para uma bolsa de estudos na escola terrestre.

Isso acontece particularmente com vícios e indisciplinas que geram graves problemas de saúde.

Alguns exemplos de possíveis causas:

- *Câncer no pulmão*
Origem — cigarro.

- *Cirrose hepática*
Origem — álcool.

- *Infarto*
Origem — sedentarismo.

- *Acidentes*
Origem — imprudência.

***

Quanto ao Mal que praticamos contra o semelhante, os reflexos que colhemos em nós mesmos representam apenas parte da conta que nos é cobrada.

Há a questão da harmonização com aqueles a quem tenhamos prejudicado.

Um homem sem escrúpulos seduz uma jovem e a inicia nos perigosos caminhos das drogas. Depois a precipita na prostituição. Sua vítima compromete-se em desvios lamentáveis, tem uma existência conturbada e acaba desencarnando, vitimada pela AIDS.

Reencarnará com problemas de saúde, vulnerável a influências espirituais, instável emocionalmente, em virtude de seus comprometimentos.

Quem deverá ajudá-la?

Obviamente, o companheiro que a seduziu.

Virá associado a ela, como pai, filho ou marido. Terá o compromisso de ajudá-la em sua recuperação.

Por isso que a Doutrina Espírita adverte que é preciso muito cuidado nas questões familiares, evitando deserções ou omissões, sob alegação de que determinado familiar não corresponde às nossas expectativas ou conturba nossa existência.

Talvez nosso compromisso maior seja com ele.

Se fugirmos, mais tarde a conta será reapresentada.

O débito será maior.

***

À medida que evoluirmos, adquirindo condições para definir entre o Bem e o Mal, o certo e o errado, o caminho reto e o desvio, maior será a nossa responsabilidade. Mais drásticas, portanto, serão as sanções da Lei de Causa e Efeito.

O selvagem que mata e come o inimigo não assume grande compromisso, porque esse comportamento está subordinado ao seu horizonte cultural.

Se fizermos o mesmo, colheremos graves consequências, porque já sabemos que isso não pode, não deve ser feito.

**

O conhecimento da Lei de Causa e Efeito nos permite compreender, em plenitude, a Justiça Perfeita de Deus.

Sentimos que tudo tem uma razão de ser, que nada acontece por acaso.

Males e sofrimentos variados que enfrentamos estão relacionados com o nosso passado.

É a conta a pagar.

Mas há outro aspecto, *muito importante*:

Se a dor é a moeda pela qual resgatamos o passado, Deus nos oferece abençoada alternativa — o Bem.

Todo esforço em favor do próximo amortiza nossos débitos, tornando mais suave o resgate.

• Se em face de compromissos cármicos teremos um braço amputado, a prática do Bem nos habilitará a perder um dedo apenas.

• Se uma grave doença nos deva acometer, refletindo desajustes perispirituais, com o exercício da caridade seremos depurados, aliviando o compromisso.

• Se devemos nos harmonizar com o familiar difícil, alguém que prejudicamos no passado, o cultivo do carinho, da compreensão e da tolerância tornará mais tranquila nossa convivência.

• Se o destino impõe que nos vejamos sem o conforto de uma família, em face de nossas omissões no pretérito, exercitando a solidariedade nunca estaremos solitários. Viveremos rodeados pelos beneficiários de nossas ações.

"Misericórdia quero e não sacrifício" — diz Jesus, lembrando o Profeta Oseias (6:6), a explicar que Deus não deseja nosso sofrimento.

Espera apenas que nos convertamos aos valores do Bem, exercitando a Lei Maior — o Amor.

Quem o faz viverá sempre melhor, débitos aliviados.

Simão Pedro, o grande Apóstolo do Cristo, define com precisão o assunto, quando proclama em sua *Primeira epístola* (4:8): "Tende, antes de tudo, ardente amor uns para com os outros, porque o amor cobre a multidão dos pecados".

16

Lastros espirituais

A vida futura reserva aos homens penas e gozos compatíveis com o procedimento de respeito ou não à Lei de Deus.

Era conhecido como João do Vento.

O apelido não fazia referência a qualquer afinidade com ventanias. Ao contrário, tinha horror a qualquer movimento atmosférico, ainda que leve brisa.

Dentro de casa mantinha hermeticamente fechadas portas e janelas. Considerava aparelhos de ar-condicionado uma tortura; puro masoquismo o uso do ventilador.

Não obstante, era um homem bom, caridoso, sempre disposto a socorrer doentes e necessitados.

Com exceção dos problemas gerados por sua fobia, vivia bem com a família, cumpria seus deveres, fazia o melhor...

Por isso, quando morreu foi conduzido ao Céu.

Tinha tudo para desfrutar de inefáveis bem-aventuranças, mas havia um probleminha: as paragens celestiais eram intoleravelmente ventiladas.

Sopravam aragens incessantes, cariciosas para os eleitos, tormentosas para nosso herói.

E tanto se incomodou que um dia procurou São Pedro e pediu transferência para o Purgatório.

O santo ponderou que não seria razoável. Enfrentaria sofrimentos e atribulações...

— Não importa — desabafou —, quero mesmo é livrar-me das correntes de ar.

Ante sua insistência, foi-lhe concedida a autorização.

Passado algum tempo, preocupado, o guardião celeste pediu a um anjo que descesse ao departamento de purgação para ver como estava João.

Para surpresa do emissário, o atendente informou que o inquieto inimigo do vento mudara novamente de residência.

Reclamando contra a existência de correntes de ar, despachara-se para o Inferno. Alegara que em ambiente fechado, aquecido pelas fornalhas, ficaria melhor.

E o anjo desceu mais.

Bateu às portas do pedro-botelho.

Em breves momentos o próprio tinhoso abriu o postigo. Rispidamente, como é próprio do comportamento diabólico, perguntou-lhe o que desejava.

Antes que o anjo pudesse explicar, ouviu-se, lá de dentro, a voz de João do Vento, a pedir, enfático:

— Fecha a porta! Fecha a porta, por favor! Está fazendo corrente de ar!

***

Há certas ideias que são instintivas.

Exemplos: a imortalidade e as consequências das ações humanas na vida futura.

Antes mesmo de espremermos os miolos em torno do assunto, sentimos que somos imortais, que um dia, em outra vida, nos cobrarão pelo que estamos fazendo ou deixando de fazer.

São raros os negadores autênticos, convictos de que a única realidade é a matéria, num Universo sem criador e sem criaturas.

Semelham-se a filhos que não acreditam na existência do Pai.

Imaginam-se um mero aglomerado de células que o acaso fez pensantes.

Curioso que raros materialistas se suicidem ante as agruras da vida. Concebendo que a vida desemboca no nada, não haveria motivo para temores. Seria uma maneira prática de resolverem seus problemas.

É que eles têm medo.

Não conseguem compatibilizar a convicção materialista com o sentimento mais profundo, instalado no recôndito de suas almas, a lhes dizer que a sepultura é apenas a porta de ingresso em outra dimensão.

***

Segundo a Doutrina Espírita, quando o Espírito desencarna, deixa a dimensão física, onde ficou o corpo, a máquina que usava, e entra na dimensão espiritual, que se desdobra em vários níveis.

Os antigos diziam que há sete céus superpostos, acima da crosta terrestre, habitados pelos mortos, de conformidade com seus méritos.

Quanto maior o merecimento do falecido, mais alto vai viver, mais completa a felicidade. Por isso, quando alguém é muito feliz costuma-se dizer que está "no sétimo céu", uma espécie de cobertura de luxo no edifício celeste.

Nossos ancestrais intuíram a verdade, embora não tivessem uma visão ampla sobre o assunto.

Imaginemos a Terra como uma imensa cebola.

Na primeira camada interior estaria a crosta, onde vivemos.

Nas demais, as regiões espirituais.

A densidade subordina-se à altura.

Nas mais altas estariam os Espíritos depurados.

Nas mais baixas, Espíritos comprometidos com a vida terrestre.

Quando desencarnamos, estamos de imediato na primeira camada, muito densa, uma projeção do plano físico.

O que vai definir quanto tempo ficaremos por aqui é a condição de nosso perispírito, o *corpo celeste*, a que se refere Paulo, na *Primeira epístola aos coríntios*.

Quanto mais envolvido o indivíduo com a vida material, seus vícios e paixões, maior a densidade perispiritual.

Pessoas assim, ao desencarnarem, permanecem em convivência com os homens, geralmente sem consciência de sua nova condição, por absoluto despreparo para a vida Além-Túmulo.

Não raro, atormentadas e perplexas, perturbam os familiares, procurando socorro.

Com o passar do tempo, desfazendo-se as vibrações mais grosseiras, o Espírito terá uma densidade perispiritual menor, como um balão que reduz o lastro que o prende à Terra.

Poderíamos situar as regiões próximas à Terra, que o Espírito André Luiz denomina *Umbral*, como purgatoriais.

Nelas os desencarnados fazem estágios depuradores para "perder lastro".

***

Na sua famosa *A divina comédia*, Dante Alighieri, poeta florentino, reporta-se a uma excursão que teria feito pelo Inferno e o Purgatório, guiado pelo poeta latino Virgílio; depois no Céu, conduzido por sua amada Beatriz.

Não obstante o caráter poético e fantástico da obra, tem-se a impressão de que Dante transitou pelo Umbral durante o sono, quando ocorre a emancipação da alma.

Imaginou-se no Inferno ou no Purgatório, segundo o que via e os contatos que estabelecia com seus habitantes.

Depois, com Beatriz, identificou por celestes as regiões etéreas de nosso planeta, morada de Espíritos luminosos, em altos estágios de espiritualidade.

Existe muito de fantasioso em sua narrativa, mas há, também, aspectos surpreendentemente próximos do que nos revela a Doutrina Espírita.

Aprendemos, por exemplo, que os Espíritos em regiões purgatoriais tendem a se reunir, de conformidade com a natureza de suas mazelas e crimes. Constituem grupos afins, os avarentos, os assassinos, os assaltantes, os maledicentes, os invejosos, os viciosos, os pervertidos, exatamente como Dante descreve.

Destaque especial, nas informações espíritas, para os suicidas, que se situam em regiões específicas, de sofrimentos inenarráveis, sem similar na Terra.

São os chamados *vales dos suicidas*.

***

O estágio do Espírito em regiões umbralinas não é um castigo de Deus, nem implica o pagamento de suas dívidas, que deverão ser ressarcidas em novas existências na carne.

Está ali porque sua densidade perispiritual impede o acesso aos planos mais altos.

E ali ficará até que reconheça sua miséria moral e deseje sinceramente, do fundo de seu coração, modificar-se. Isso o libertará dos lastros da rebeldia e da revolta, habilitando-o a ser atendido em organizações assistenciais, em pleno Umbral, verdadeiros oásis em meio à aridez do deserto.

***

Aqueles que praticam o Bem e evitam todo Mal apresentam, ao desencarnar, uma leveza perispiritual que os habilita a atravessar rapidamente as camadas densas do Umbral, amparados por benfeitores espirituais.

Elevam-se a moradas espirituais que homem comum chamaria de paradisíacas.

Consideremos, entretanto, que isso jamais será garantia de felicidade em plenitude.

Semelhante realização só será concretizada quando nos integrarmos na dinâmica do Universo, cultivando o aprendizado incessante, o empenho permanente de renovação e o esforço no Bem.

Aqui voltamos ao João do Vento.

O vento da renovação, o convite ao desenvolvimento de nossas potencialidades criadoras sopra em todos os quadrantes do Universo, como o hausto do Criador, na Terra e no Além, no Inferno ou no Céu.

Onde quer que estejamos, é de fundamental importância que nos movimentemos, porque, se pretendemos a beatitude e a contemplação, fechando-nos em nós mesmos, recusando-nos a caminhar, haveremos de nos sentir desajustados e infelizes, ainda que eventualmente estagiemos em regiões etéreas.

Se não tivermos medo dos desafios do progresso, se não nos furtarmos ao arejamento pelo vento da renovação, estaremos bem, mesmo nos sufocos da Terra.

E se parece estranho a alguém essa necessidade de atividade incessante, progredindo sempre, consideremos que isso não é novidade.

Jesus deixou isso bem claro, ao proclamar: "Meu Pai trabalha desde sempre, e eu trabalho também" (*João*, 5:17).

17

Conversar com Deus

A prece é um ato de adoração a Deus. Está na Lei Natural, e é o resultado de um sentimento inato do homem, assim como é inata a ideia da existência do Criador.

As reuniões mediúnicas organizadas sob os padrões da Doutrina Espírita, tendo por orientação O *livro dos médiuns*, revelam que há multidões de Espíritos desencarnados com dificuldade de adaptação à vida espiritual.

Trazem a mente conturbada, tão envolvida por interesses, pensamentos e sentimentos relacionados com a existência física, que sequer conseguem perceber sua condição.

Sonâmbulos que falam e ouvem, comportam-se como doentes mentais, alienados da realidade espiritual.

Não são necessariamente pessoas de má índole, criminosos, assassinos, viciados... Apenas *estavam despreparados para a grande transição.*

A reunião mediúnica funciona como um pronto-socorro.

Em contato com as energias do ambiente e dos médiuns, experimentam alguma lucidez, deixam por momentos a conturbação em que vivem; habilitam-se a conversar, a receber orientações e esclarecimentos.

***

Há nesses Espíritos algo em comum, algo que os identifica.

Não estão habituados à oração.

Não acenderam em seu mundo íntimo a chama de espiritualidade que suaviza os caminhos da Vida e ilumina as veredas da morte, como exprime Davi (Salmo 23):

O Senhor é o meu Pastor!
Nada me faltará.
Deitar-me faz em verdes pastos,
Guia-me mansamente
A águas mui tranquilas,
Refrigera minha alma,
Guia-me nas veredas da justiça
Por amor do seu nome.
Ainda que eu andasse
Pelo vale das sombras da morte,
Não temeria Mal algum,
Porque Tu estás comigo...

Sem a oração, o Espírito inibe suas percepções. Não consegue identificar a presença de mentores espirituais e amigos que procuram ajudá-lo na grande transição.

É como alguém que enfrenta dificuldades de comunicação em face de inesperados problemas de visão e audição.

Ou alguém atolado num charco, incapaz de estender a mão ao socorrista que vem salvá-lo.

O que de mais eficiente o dirigente da reunião pode fazer, além de conversar com ele com carinho e boa vontade, é estimulá-lo à oração.

Se ele orar, tudo ficará mais fácil.

***

Inúmeros problemas, dificuldades e dissabores surgem porque as pessoas não cultivam a oração.

Oramos para consertar estragos que produzimos em nossa vida.

Raramente o fazemos para evitá-los, para não cairmos em tentação, como ensina Jesus. E seguimos por caminhos tortuosos que não interessam à nossa economia espiritual.

A linda jovem era assediada por impertinente rapaz. Dizia-se apaixonado. A pretexto de iniciar namoro, pretendia levá-la a um motel.

É uma infeliz tendência atual, que subverte a ordem natural, transformando o sexo, que deve vir depois do amor, em condição para ele.

Ela sentia atração pelo rapaz, mas lhe dizia com firmeza:

— Não irei. Minha mãe não ficaria feliz com isso. Jamais lhe darei esse desgosto.

O indecoroso insistia:

— Sua mãe não precisa saber...

E ela:

— Decididamente, você não convém. Pede que eu faça algo que minha mãe não aprovaria e pretende transformar-me numa mentirosa.

Talvez nossos pais tenham falecido ou nos pareçam quadrados, alienados da realidade atual.

Talvez não possamos ou não queiramos consultá-los...

Indispensável, porém, que nos habituemos a consultar Deus.

Quantas tolices, quantos comprometimentos evitaríamos, se antes de qualquer iniciativa, buscando a inspiração divina, perguntássemos à própria consciência:

— *Deus aprovaria?*

***

Ao sul da Índia e a leste da África, há um país cujo território é feito de pequenas ilhas, mais de mil, espalhadas numa extensão de oitenta mil quilômetros quadrados.

Seu nome, Maldivas, vem do sânscrito *maladiv*, que significa guirlanda de ilhas, todas belíssimas, como uma grinalda de flores.

Os visitantes confirmam: as ilhas são maravilhosas, uma rara combinação de céu azul, mar límpido, águas mansas, alvas praias, peixes em profusão, frutos e flores — verdadeiro paraíso.

O que mais impressiona é a tranquilidade dos maldivenses.

Não obstante a pobreza do país, vivem felizes, sem os problemas de violência, roubo e vício que conturbam as sociedades atuais.

Em princípio se poderia dizer que o caráter risonho e cordial do povo maldivo vem da placidez do oceano, da beleza das ilhas, da exuberância da Natureza.

Não é só isso, porquanto em outros lugares a Natureza mostra-se igualmente generosa, mas a existência é conturbada.

Exemplo típico temos no Rio de Janeiro, uma das cidades mais belas do mundo.

Quando contemplamos a Baía de Guanabara, do alto do Corcovado, e nos deslumbramos com a magnificência da paisagem, *sentimos a presença de Deus* e compreendemos a exaltação do sambista ao cantar a *cidade maravilhosa, cheia de encantos mil...*

No entanto, o Rio de Janeiro enfrenta graves problemas, que envolvem drogas, assassinatos, assaltos, prostituição...

A cidade maravilhosa continua linda, como sempre, mas a vida está cada vez pior.

Qual seria, pois, o segredo dos maldivenses?

Os pesquisadores têm constatado que a fórmula mágica que lhes sustenta a cordialidade, o bom humor e a urbanidade é a oração.

Cinco vezes por dia, em horários determinados, a população, formada por muçulmanos sunitas, entrega-se à oração, nos templos, pequenas mesquitas, que existem em grande quantidade.

Não dura mais que alguns minutos, mas é o suficiente para iluminar o dia, mantendo-os conscientes da presença de Deus e da necessidade de cumprir os preceitos morais de sua religião.

Certamente passaríamos por uma mudança radical, se, ao longo do dia, lembrássemos de Deus.

Muitos problemas seriam evitados, muitas dificuldades superadas, se nos habituássemos a conversar com Deus com maior frequência.

***

Espíritos sofredores que se manifestam nas reuniões mediúnicas e pessoas que procuram ajuda no centro espírita não raro alegam uma dificuldade — não sabem orar.

Geralmente estão se reportando a fórmulas verbais. Não conhecem as rezas.

Não é preciso ter memória apurada para sustentar uma conversa com Deus, abrindo nosso coração ao Senhor, falando de nossas dúvidas e anseios...

Se estivermos atentos e submissos, ouviremos o que Ele tem para nos dizer, na intimidade de nossa consciência, indicando-nos o caminho mais acertado, a iniciativa mais proveitosa.

***

Há um problema curioso com a oração.

A pessoa conversa com Deus e parece que tudo piora.

— Não sei o que acontece comigo. Quando oro, parece que minha cabeça fica conturbada, sinto-me estranho.

Ocorre que a oração funciona como um mergulho na intimidade de nossa própria consciência, uma espécie de varrer e colocar em ordem a casa mental.

Quando usamos a vassoura, sobe a poeira. Pode nos incomodar em princípio, mas depois o ambiente fica melhor, mais limpo, mais saudável.

A introspecção, esse voltar para dentro de nós mesmos, revolve o entulho de nossas fraquezas, de nossos pensamentos negativos, das más palavras, e em princípio poderemos sentir algum desconforto.

Com perseverança, buscando cumprir a vontade do Senhor, expressa nas lições de Jesus, em breve teremos muita paz em nosso coração.

***

A oração, dizem os mentores espirituais, deve ser algo tão natural, tão instintivo em nossa vida, como a respiração.

Devemos lembrar de Deus em todas as horas de nossos dias, para que sintamos sua presença em todos os dias de nossa vida.

Principalmente na hora de dormir, é importante pensar em Deus, pedindo sua proteção para um sono reparador e um despertar tranquilo.

Estaremos, então, preparados para o novo dia, como está na singela oração de Robert Louis Stevenson, famoso escritor americano:

> Senhor.
> Quando o dia voltar,
> Fazei que eu desperte
> Trazendo no rosto e no coração
> A alegria das alvoradas,
> Disposto ao trabalho,
> Feliz se a felicidade for o meu quinhão,
> Resignado e corajoso,
> Se me couber, nesse dia,
> Uma parcela de sofrimento.

18

A proteção do Céu

*A prece torna melhor o homem.
Aquele que ora com fervor e confiança se faz
mais forte contra as tentações do Mal e Deus
lhe envia bons Espíritos para assisti-lo.
É este um socorro que jamais se lhe recusa,
quando pedido com sinceridade.*

O plantonista do atendimento fraterno, no centro espírita, conversava com o assistido.

— Então, meu amigo, como tem passado? Melhorou o ânimo, superou as tensões?

O interpelado esboçou um sorriso.

— Bem, com os passes magnéticos semanais e a leitura diária do Evangelho, sinto-me mais animado. Mas os problemas permanecem do mesmo tamanho. Minha esposa, neurótica como sempre, atazana minha vida; os filhos, indisciplinados, conturbam o lar; os subordinados, na atividade profissional, são uns incompetentes, obrigando-me a redobrada vigilância. Tudo isso me aborrece muito... Precisaria receber pelo menos três passes diários para compensar os desgastes...

— Fardo pesado?...

— Nem me fale! Como dizia o filósofo, "o Inferno são os outros!..."

— Tem orado?

— Sim, conforme sua recomendação, todas as noites, após a leitura do Evangelho.

— E como faz?

— Dirijo-me a Jesus...

— Sim, mas o que pede?

— Que dê um jeito na minha vida, tornando minha mulher menos impertinente, meus filhos mais obedientes, minha saúde menos oscilante, meus subordinados mais aplicados...

— Bem, sugiro uma mudança. Peça as bênçãos divinas para sua família, seus negócios, sua vida, sem detalhamentos. E centralize a oração num ponto fundamental: peça a Deus que lhe dê o dom da compreensão.

— Só isso?

— Sim.

— Será bem curta...

— Não é a extensão que faz a oração funcionar. Deus sabe de nossas necessidades. Deixe falar o coração...

Após algumas semanas, o assistido retornou, expressão alegre, feliz...

— Então, como está?

— Ótimo! A oração que me ensinou é joia! A esposa está numa fase boa, os filhos mais obedientes, os funcionários da empresa mais aplicados, a saúde melhor. Parece mágica! Mudou tudo!

O plantonista sorriu:

— Não há nenhuma magia, meu amigo. O que mudou foi a sua visão, a partir do momento em que deixou de pedir a Deus que desse um jeito naqueles que o cercam e pediu um jeito de enxergá-los melhor. Cultivando a compreensão, aprendemos a respeitar a maneira de ser das pessoas, sem a pretensão de moldá-las às nossas conveniências.

— Curioso é que elas melhoram...

— Apenas respondem aos nossos estímulos, quando nos propomos a identificar seus valores positivos e relevar suas falhas. É como cuidar de plantas. Se nutrimos espinhos, teremos o espinheiro. Se irrigamos flores, formaremos um jardim. A compreensão o fez melhor, e o mundo melhorou com você.

***

Deus trabalha incessantemente em favor do aprimoramento de nossos sentimentos, da sensibilização de nossa alma para os valores do Bem.

Por isso não há oração mais prontamente atendida do que aquela em que, cultivando a reflexão e reconhecendo nossas limitações, pedimos ao Senhor, com todas as forças de nossa alma, ajude-nos a superá-las.

Afinal, é para isso que estamos na Terra.

Exemplo típico de como a oração sincera nos ajuda a vencer nossas fraquezas está no combate ao vício.

Geralmente os fumantes, os alcoólatras, os toxicômanos alegam imensa dificuldade em reagir.

É verdade.

A dependência química é terrível!

E há, também, a influência espiritual.

A experiência demonstra que o vício gera condicionamentos perispirituais. O desencarnado continua dominado pelo vício. Por isso passa a assediar pessoas com as mesmas tendências, a fim de que, estabelecendo uma associação psíquica, possa satisfazer-se junto com o reencarnado quando este se satisfaz.

Então, enfrentando seus próprios condicionamentos, o dependente ainda é pressionado pelos desencarnados, igualmente ansiosos.

Fica difícil...

Mas ele não está inerme, nem entregue à própria sorte.

Em seu benefício há tratamentos de desintoxicação, medicamentos de contenção, orientação psicológica, ajuda espiritual, e há, sobretudo, a *oração*.

Se, a cada momento em que sentir a compulsão indesejável, o dependente implorar, do mais recôndito de sua consciência, com todas as forças de sua alma, a ajuda divina, *haverá de resistir*.

Tenho ouvido ex-viciados dizerem exatamente isso.

— *A oração me salvou!*

***

Os efeitos da oração são maravilhosos quando há fé, a plena convicção de que Deus nos ajudará.

Um homem perdeu-se no deserto. Viveu um pesadelo. Durante uma semana esteve à míngua de víveres, água escassa, sol escaldante durante o dia, frio intenso à noite.

Ao ser finalmente localizado, admiraram-se os médicos de encontrá-lo vivo.

Incrível não ter morrido naquela situação terrível!

Perguntaram-lhe a que atribuía seu salvamento.

E ele:

—À oração! Orava o tempo todo, pedindo o socorro divino e que Deus guiasse alguém até onde eu estava.

***

O avião está perdido na tempestade, combustível no fim, situação dramática!

O piloto aciona o radiotransmissor e entra em contato com um aeroporto que passa a orientá-lo, guiando-o com segurança até a pista mais próxima.

Nos temporais da vida, nas grandes dificuldades ou perigos, a oração é o instrumento que nos põe em contato com benfeitores espirituais, a mobilizarem variados recursos em nosso benefício.

Valem-se até mesmo de insólitos intermediários.

Ilustrativa, neste aspecto, a história que envolve um fazendeiro rico, ateu impenitente.

Certa feita, cavalgando nas imediações de sua propriedade, passou por modesto sítio.

Não conhecia os moradores. Não se lembrava de tê-los visto. Naquele dia, sem que soubesse dizer por que, martelou sua cabeça o impulso de conhecer os vizinhos.

Entrou na propriedade, sempre montado. Não viu ninguém. Contornou pequena casa. Nos fundos, uma janela aberta.

Aproximou-se.

Viu uma menina ajoelhada, mãos postas.

— Que faz você aí, minha filha?

— Estou orando, pedindo ajuda. Meu pai morreu, minha mãe está muito doente, meus irmãos passam fome...

— Bobagem! Deus é uma mentira. Não perca tempo!

Não obstante a irreverência, o fazendeiro tinha coração sensível. Condoído da penúria daquela gente, entregou algum dinheiro à garota.

— Isso dará para comprar mantimentos. À tarde virei com um médico. E cuide da vida! Não perca tempo com oração!

Sem mais palavras, puxou as rédeas do cavalo e partiu.

Perto da estrada encasquetou de voltar.

Surpreso, viu que a garota continuava ajoelhada.

— Que é isso, menina! Já não lhe disse que a oração não vale nada! Que é perda de tempo pedir ajuda ao Céu!

Ela fitou o fazendeiro e explicou humilde:

— Estava apenas agradecendo, moço. Pedi ajuda e Deus enviou o senhor.

***

Deus é tão misericordioso que atende mesmo aos que duvidam de sua existência.

Foi o que aconteceu com aquele experiente farmacêutico, homem caridoso, cumpridor de seus deveres, mas materialista impenitente, refratário à ideia de vida após a morte e da existência de um Ser Soberano que tudo vê e provê.

Certa tarde apareceu uma menina com receita médica. Era um medicamento de manipulação. Hora ruim, de fechamento da farmácia, e ele tinha um compromisso.

— Ficará para amanhã. Estou encerrando o expediente.

A garota insistiu. O médico recomendara que a doente, sua mãe, começasse a tomar o remédio imediatamente.

Como era de seu feitio, o velho boticário condoeu-se. Apanhou a receita e foi rápido ao laboratório.

Pouco depois, em tempo recorde, entregava o medicamento. A menina pagou e partiu apressada.

O farmacêutico voltou ao laboratório para guardar o material usado. Constatou, horrorizado, que na pressa confundira-se e usara potente veneno em lugar de uma das substâncias indicadas.

Correu para a rua. Olhou em todas as direções.

A menina desaparecera. Certamente ia longe.

Telefonou ao médico. Não conseguiu localizá-lo.

Em desespero, sem ter a quem recorrer, caiu de joelhos, ergueu o olhar e gemeu:

— Tu, que dizem estar aí em cima! Se existes realmente, por piedade, compadece-te de mim! Salva a pobre mulher! Não permitas que eu me transforme num assassino!

E derramava-se em lágrimas...

Assim esteve por alguns momentos, implorando o socorro divino, até que alguém bateu em seu ombro. Voltou-se.

Abençoada surpresa:

Era a menina!

Em prantos, ela suplicou:

— Senhor farmacêutico, aconteceu um desastre! Tropecei, o vidro caiu-me das mãos e se quebrou! Não tenho dinheiro, mas, por misericórdia, em nome de Deus, ajude-me! Minha mãe precisa do remédio!

O farmacêutico ergueu-se, limpou as lágrimas e, sorrindo aliviado, falou:

— Não se preocupe, minha filha. Aviarei outra receita. Você não precisará pagar. Será em nome de Deus... Em nome de Deus!

***

O segredo de nossa estabilidade íntima está em lembrar de Deus — todos os dias, sempre!

Não há necessidade de muitas palavras.

É deixar falar o coração, como fazia aquele velho escravo africano que todas as manhãs, na gleba de terra sob seus cuidados, antes de iniciar o dia, tirava o chapéu, elevava o olhar para o Céu e dizia simplesmente:

— Sinhô! Preto veio tá qui...

Apenas isso.

Analfabeto, não sabia muitas palavras. Mas era mestre em fazer falar o coração.

— Sinhô! Preto veio tá qui...

Era o filho que não queria começar o dia sem pedir a bênção de seu pai.

E Deus o abençoava, dando-lhe condições para viver em paz, mesmo sendo escravo.

Também nossa vida será tranquila e feliz, quando aprendermos a fazer falar o coração, todas as manhãs:

— *Abençoa, Pai, o meu dia! Ensina-me a viver como filho teu!*

19

Prática espírita — Os caminhos da iluminação

O folheto institucional da campanha "Espiritismo, uma nova era para a Humanidade" termina com oportunas considerações sobre a vivência espírita, muito esclarecedoras, principalmente para o iniciante:

• Toda a prática espírita é gratuita, dentro do princípio do Evangelho: "Dai de graça o que de graça recebestes".

Segundo o Evangelista Mateus, quando Jesus completou o colégio apostólico, entre as orientações relacionadas com a missão de divulgar a nova doutrina, recomendou-lhes: "Curai os enfermos, limpai os leprosos, ressuscitai os mortos, expulsai os demônios. De graça recebestes, de graça dai" (*Mateus*, 10:8).

O Mestre deixava bem claro que nada se deveria cobrar pela assistência aos necessitados de todos os matizes, mesmo porque estariam a mobilizar dons espirituais, envolvendo o auxílio de benfeitores desencarnados.

Eram *apenas intermediários*.

O Espiritismo revive essa orientação.

Os centros espíritas situam-se como grandiosas escolas de iniciação espiritual e operosas oficinas de trabalho no campo da solidariedade.

Num primeiro momento funcionam como eficientes hospitais para males do corpo e da alma, com a utilização de valiosos recursos terapêuticos — o passe magnético, a água fluidificada, as irradiações, as reuniões de desobsessão, a assistência espiritual...

E tudo deve ser feito graciosamente!

Se encontrarmos pessoas vinculadas a essas tarefas, que cobram por seus serviços ou estimam receber recompensas, podem-se intitular médiuns, curadores, taumaturgos, mas *não são espíritas*.

O espírita é convocado a viver *para a* Doutrina, não *da* Doutrina.

***

Alguém objetará:

— Indiretamente os centros espíritas recebem por seus serviços, na medida em que os frequentadores são convidados a participar de campanhas diversas para os serviços assistenciais.

Responderemos que na Casa do Caminho, em Jerusalém, Simão Pedro e seus companheiros não cobravam pelos benefícios que prestavam aos que procuravam socorro espiritual e cura para seus males, mas a comunidade contribuía, sustentando os serviços assistenciais por meio dos quais era feita a distribuição de alimentos, roupas e medicamentos aos pobres.

Havia a consciência de que é preciso socorrer os carentes e marginalizados.

É o que faz a casa espírita.

Atender à multidão, hoje denominada *excluída*, é dever de quem vive em sociedade. Sem amparo à pobreza, teremos a miséria total, que gera perturbadores desajustes em qualquer agrupamento humano.

O centro espírita que não se vincula aos serviços de assistência e promoção social e o espírita que não colabora para isso, com seu trabalho e regulares doações pecuniárias, não ultrapassaram as fronteiras da teoria.

• A prática espírita é realizada sem nenhum culto exterior, dentro do princípio cristão de que Deus deve ser adorado em Espírito e Verdade.

No célebre diálogo com Jesus, a mulher samaritana perguntou onde Deus devia ser adorado.

Na Samaria diziam que era no Monte Gerizim, onde outrora existira um templo.

Na Judeia pretendia-se fosse no templo de Salomão, em Jerusalém.

Jesus respondeu dizendo que dia viria em que Deus não seria adorado nem no monte nem no templo, em cerimônias exteriores.

Deus deveria ser adorado *em Espírito*.

O Supremo Senhor está em toda parte e nos fala na intimidade de nossas almas. É ali que devemos buscá-lo, fazendo calar o som estridente dos interesses imediatistas, das preocupações com o dia a dia, dos vícios, das paixões, para que possamos ouvi-lo.

A comunhão com Deus é algo muito íntimo, pessoal e intransferível — *o filho a conversar com o pai*.

• O Espiritismo não tem corpo sacerdotal e não adota nem usa em suas reuniões e em suas práticas: altares, imagens, andores, velas, procissões, sacramentos, concessões de indulgência, paramentos, bebidas alcoólicas ou alucinógenas, incenso, fumo, talismãs, amuletos, horóscopos, cartomancia, pirâmides, cristais, búzios ou quaisquer outros objetos, rituais ou formas de culto exterior.

Se o ato de adoração implica o empenho de buscar Deus dentro de nós, não há por que eleger intermediários.

Ao procurar um sacerdote, pedindo-lhe evocar as bênçãos divinas em favor de meu casamento, de meu filho, do morto querido, estarei transferindo para alguém algo que me compete fazer, um assunto pessoal entre mim e Deus.

Algo semelhante ocorre quando buscamos rituais e rezas, nas práticas exteriores.

Pode ser tudo bonito, respeitável, mas acabaremos por cair na rotina, a repetir palavras e gestos sem a participação do sentimento.

Toda intermediação que envolva ofícios e oficiantes gera a rotina, esvazia o sentimento, inibe a comunhão autêntica com o Céu.

O culto exterior é o mesmo que um corpo sem alma.

A alma do culto está no coração, quando buscamos Deus dentro de nós.

***

Há, também, os fetiches, objetos aos quais atribuímos poderes mágicos.

• A medalha de São Cristovão, no painel do carro, evitará acidentes...

• A cruz no pescoço neutralizará más influências...

• A imagem de Nossa Senhora protegerá o lar...

• A defumação afastará Espíritos impuros...

• Banho com sal grosso fechará o corpo às agressões espirituais...

• Pé de coelho dará sorte...

• A vela para Santo Antônio ensejará um bom casamento...

O Espiritismo nos liberta dos fetiches, convidando-nos ao essencial:

• a reforma íntima — o cultivo da reflexão, do estudo, do combate aos vícios e tendências inferiores.

• a prática do Bem — o esforço por cumprir a vontade de Deus, expressa nas excelências do Evangelho.

É assim que nos habilitamos a viver em paz, seguindo por caminhos retos, sem dúvidas ou temores, cumprindo nossa gloriosa destinação.

• O Espiritismo não impõe os seus princípios. Convida os interessados a conhecê-los, a submeter seus ensinos ao crivo da razão, antes de aceitá-los.

Foi-se o tempo da fé cega.

Os dogmas, princípios religiosos que não admitem discussão e muito menos contestação, atendiam às necessidades do passado, mas não atendem à racionalidade do presente.

Hoje, antes de crer, as pessoas cogitam de compreender.

E se amanhã a Ciência demonstrar que a reencarnação, a Lei de Causa e Efeito ou a sintonia mediúnica, princípios básicos do Espiritismo, estão equivocados, devemos ficar com a Ciência.

Essa orientação vem de Allan Kardec, que proclamou: "Fé inabalável só o é aquela que pode encarar frente a frente a razão, em todas as épocas da Humanidade".

• A mediunidade, que permite a comunicação dos Espíritos com os homens, é uma faculdade que muitas pessoas trazem consigo ao nascer, independentemente da religião ou da diretriz doutrinária de vida que adote.

A mediunidade é uma faculdade inerente ao ser humano.

É o sexto sentido que permite o acesso ao Mundo Espiritual, assim como o tato, o paladar, a audição, a visão e o olfato estabelecem o contato com o mundo físico.

As pessoas dotadas de sensibilidade psíquica mais avantajada, que as habilita a agir como intérpretes dos Espíritos, estão no seio de todas as culturas e religiões.

Sempre existiram, desde as eras mais remotas.

Foram adivinhos, bruxos, feiticeiros, oráculos, pitonisas, profetas, sensitivos, videntes, de acordo com a época e a maneira como eram encarados.

O Espiritismo disciplina o fenômeno mediúnico e dá aos médiuns condições para um intercâmbio positivo, ajustado e produtivo, sem os desvios inspirados na ignorância.

• Prática mediúnica *espírita*, porém, só é aquela que é exercida com base nos princípios da Doutrina Espírita e dentro da moral cristã.

Em muitos lugares, em muitas religiões, encontramos a prática mediúnica.

Nos terreiros de umbanda, nos rituais de candomblé, nas reuniões de evangélicos pentecostais, no movimento carismático da Igreja Católica, entre os jogadores de búzios, benzedeiras, cartomantes...

Ainda que sem o saber, essas pessoas estão exercitando a mediunidade.

Entram em contato com os Espíritos, recebem sua influência.

Prática mediúnica *espírita*, porém, somente o é aquela exercitada com base em O *livro dos médiuns*, obra básica que disciplina os contatos com o Além.

Nela está a orientação precisa para um intercâmbio produtivo e edificante, sem aparatos exteriores, sem barulho, sem rituais e rezas, sem acessórios, sem interesses imediatistas.

Pessoas que se propõem a resolver problemas sentimentais, a informar sobre o futuro, a orientar acerca de negócios, a realizar cirurgias espetaculosas, podem ter apreciáveis faculdades mediúnicas, mas não são espíritas.

A Doutrina Espírita não recomenda nem sustenta essas iniciativas.

• O Espiritismo respeita todas as religiões, valoriza todos os esforços para a prática do Bem e trabalha pela confraternização entre todos os homens, independentemente de sua raça, cor, nacionalidade, crença, nível cultural ou social. Reconhece, ainda, que "o verdadeiro homem de Bem é o que cumpre a Lei de Justiça, do Amor e da Caridade, na sua maior pureza".

Não há da parte do Espiritismo a pretensão de fazer prosélitos e arrebanhar adeptos de outras religiões.

O Espiritismo se destina, diz Kardec, às pessoas que estão desejando mais esclarecimentos, que não estão satisfeitas com as explicações que recebem de suas religiões.

Quanto ao mais, todas são boas.

Em essência ensinam o Bem, a caridade, a reforma íntima.

Todas indicam caminhos para Deus.

As divergências nascem de erros de interpretação e do velho egocentrismo humano, que nos leva a imaginar que a nossa fé é a única e verdadeira.

Há ilustrativa história zen-budista a esse respeito:

Um homem, interessado em encontrar os caminhos da Espiritualidade, aproximou-se da Montanha da Verdade.

Quis saber qual seria o caminho para chegar ao cimo, a fim de adquirir sua iluminação.

Cada homem santo que passava por ali indicava-lhe rumo diferente.

Depois de muito perguntar, decidiu-se por um caminho, convicto de que era o único capaz de levá-lo ao topo da montanha.

Quando finalmente chegou, depois de árdua subida, olhou para baixo e viu algo que o surpreendeu:

Os caminhos que levavam ao cimo eram tantos quantos os homens santos que procuravam a montanha.

***

Todas as religiões nos levam à luz interior, desde que nos disponhamos ao árduo esforço de *subir a montanha*.

Isso implica cogitar o Bem, exercitar o Bem, realizar o Bem, habilitando-nos ao encontro sagrado com Deus, na intimidade de nossa consciência.

Então, seremos iluminados!

O EVANGELHO NO LAR

Quando o ensinamento do Mestre vibra entre quatro paredes de um templo doméstico, os pequeninos sacrifícios tecem a felicidade comum.[1]

Quando entendemos a importância do estudo do Evangelho de Jesus, como diretriz ao aprimoramento moral, compreendemos que o primeiro local para esse estudo e vivência de seus ensinos é o próprio lar.

É no reduto doméstico, assim como fazia Jesus, no lar que o acolhia, a casa de Pedro, que as primeiras lições do Evangelho devem ser lidas, sentidas e vivenciadas.

O espírita compreende que sua missão no mundo principia no reduto doméstico, em sua casa, por meio do estudo do Evangelho de Jesus no Lar.

Então, como fazer?

Converse com todos que residem com você sobre a importância desse estudo, para que, em família, possam compreender melhor os ensinamentos cristãos, a partir de um momento de união fraterna, que se desenvolverá de maneira harmônica e respeitosa. Explique que as reflexões conjuntas acerca do Evangelho permitirão manter o ambiente da casa espiritualmente saneado, por meio de sentimentos e pensamentos elevados, favorecendo a presença e a influência de Mensageiros do Bem; explique, também, que esse momento facilitará, em sua residência, a recepção do amparo espiritual, já que auxilia na manutenção de elevado padrão vibratório no ambiente e em cada um que ali vive.

Convide sua família, quem mora com você, para participar. Se mora sozinho, defina para você esse momento precioso de estudo e reflexões. Lembre-se de que, espiritualmente, sempre estamos acompanhados.

Escolha, na semana, um dia e horário em que todos possam estar presentes.

O tempo médio para a realização do Evangelho no Lar costuma ser de trinta minutos.

---

[1] XAVIER, Francisco Cândido. *Luz no lar.* Por Espíritos diversos. 12. ed. 7. imp. Brasília: FEB, 2018. Cap. 1.

As crianças são bem-vindas e, se houver visitantes em casa, eles também podem ser convidados a participar. Se não forem espíritas, apenas explique a eles a finalidade e importância daquele momento.

O seguinte roteiro pode ser utilizado como sugestão:

1. Preparação: leitura de mensagem breve, sem comentários;
2. Início: prece simples e espontânea;
3. Leitura: *O evangelho segundo o espiritismo* (um ou dois itens, por estudo, desde o prefácio);
4. Comentários: breves, com a participação dos presentes, evidenciando o ensino moral aplicado às situações do dia a dia;
5. Vibrações: pela fraternidade, paz e pelo equilíbrio entre os povos; pelos governantes; pela vivência do Evangelho de Jesus em todos os lares; pelo próprio lar...
6. Pedidos: por amigos, parentes, pessoas que estão necessitando de ajuda...
7. Encerramento: prece simples, sincera, agradecendo a Deus, a Jesus, aos amigos espirituais.

As seguintes obras podem ser utilizadas nesse momento tão especial:

- *O evangelho segundo o espiritismo*, como obra básica;
- *Caminho, verdade e vida*; *Pão nosso*; *Vinha de luz*; *Fonte viva*; *Agenda cristã*.

Esse momento no lar não se trata de reunião mediúnica e, portanto, qualquer ideia advinda pela via da intuição deve permanecer como comentário geral, a ser dito de maneira simples, no momento oportuno.

No estudo do Evangelho de Jesus no Lar, a fé e a perseverança são diretrizes ao aprimoramento moral de todos os envolvidos.

O LIVRO ESPÍRITA

Cada livro edificante é porta libertadora.

O livro espírita, entretanto, emancipa a alma nos fundamentos da vida.

O livro científico livra da incultura; o livro espírita livra da crueldade, para que os louros intelectuais não se desregrem na delinquência.

O livro filosófico livra do preconceito; o livro espírita livra da divagação delirante, a fim de que a elucidação não se converta em palavras inúteis.

O livro piedoso livra do desespero; o livro espírita livra da superstição, para que a fé não se abastarde em fanatismo.

O livro jurídico livra da injustiça; o livro espírita livra da parcialidade, a fim de que o direito não se faça instrumento da opressão.

O livro técnico livra da insipiência; o livro espírita livra da vaidade, para que a especialização não seja manejada em prejuízo dos outros.

O livro de agricultura livra do primitivismo; o livro espírita livra da ambição desvairada, a fim de que o trabalho da gleba não se envileça.

O livro de regras sociais livra da rudeza de trato; o livro espírita livra da irresponsabilidade que, muitas vezes, transfigura o lar em atormentado reduto de sofrimento.

O livro de consolo livra da aflição; o livro espírita livra do êxtase inerte, para que o reconforto não se acomode em preguiça.

O livro de informações livra do atraso; o livro espírita livra do tempo perdido, a fim de que a hora vazia não nos arraste à queda em dívidas escabrosas.

Amparemos o livro respeitável, que é luz de hoje; no entanto, auxiliemos e divulguemos, quanto nos seja possível, o livro espírita, que é luz de hoje, amanhã e sempre.

O livro nobre livra da ignorância, mas o livro espírita livra da ignorância e livra do mal.

Emmanuel[1]

---

1 Página recebida pelo médium Francisco Cândido Xavier, em reunião pública da Comunhão Espírita Cristã, na noite de 25 de fevereiro de 1963, em Uberaba (MG), e transcrita em *Reformador*, abr. 1963, p. 9.

LITERATURA ESPÍRITA

Em qualquer parte do mundo, é comum encontrar pessoas que se interessem por assuntos como imortalidade, comunicação com Espíritos, vida após a morte e reencarnação. A crescente popularidade desses temas pode ser avaliada com o sucesso de vários filmes, seriados, novelas e peças teatrais que incluem em seus roteiros conceitos ligados à Espiritualidade e à alma.

Cada vez mais, a imprensa evidencia a literatura espírita, cujas obras impressionam até mesmo grandes veículos de comunicação devido ao seu grande número de vendas. O principal motivo pela busca dos filmes e livros do gênero é simples: o Espiritismo consegue responder, de forma clara, perguntas que pairam sobre a Humanidade desde o princípio dos tempos. Quem somos nós? De onde viemos? Para onde vamos?

A literatura espírita apresenta argumentos fundamentados na razão, que acabam atraindo leitores de todas as idades. Os textos são trabalhados com afinco, apresentam boas histórias e informações coerentes, pois se baseiam em fatos reais.

Os ensinamentos espíritas trazem a mensagem consoladora de que existe vida após a morte, e essa é uma das melhores notícias que podemos receber quando temos entes queridos que já não habitam mais a Terra. As conquistas e os aprendizados adquiridos em vida sempre farão parte do nosso futuro e prosseguirão de forma ininterrupta por toda a jornada pessoal de cada um.

Divulgar o Espiritismo por meio da literatura é a principal missão da FEB, que, há mais de cem anos, seleciona conteúdos doutrinários de qualidade para espalhar a palavra e o ideal do Cristo por todo o mundo, rumo ao caminho da felicidade e plenitude.

CARIDADE: AMOR EM AÇÃO

Sede bons e caridosos: essa a chave que tendes em vossas mãos. Toda a eterna felicidade se contém nesse preceito: "Amai-vos uns aos outros". KARDEC, Allan. *O evangelho segundo o espiritismo*, cap. 13, it. 12.

A Federação Espírita Brasileira (FEB), em 20 de abril de 1890, iniciou sua *Assistência aos Necessitados* após sugestão de Polidoro Olavo de S. Thiago ao então presidente Francisco Dias da Cruz. Durante oitenta e sete anos, esse atendimento representava o trabalho de auxílio espiritual e material às pessoas que o buscavam na Instituição. Em 1977, esse serviço passou a chamar-se Departamento de Assistência Social (DAS), cujas atividades assistenciais nunca se interromperam.

Desde então, a FEB, por seu DAS, desenvolve ações socioassistenciais de proteção básica às famílias em situação de vulnerabilidade e risco socioeconômico. Fortalece os vínculos familiares por meio de auxílio material e orientação moral-doutrinária com vistas à promoção social e crescimento espiritual de crianças, jovens, adultos e idosos.

Seu trabalho alcança centenas de famílias. Doa enxovais para recém-nascidos, oferece refeições, cestas de alimentos, cursos para jovens, serviços de convivência e fortalecimento de vínculos para idosos e organiza doações de itens que são recebidos na Instituição e repassados a quem necessitar.

Essas atividades são organizadas pelas equipes do DAS e apoiadas com recursos financeiros da Instituição, dos frequentadores da Casa e por meio de doações recebidas, num grande exemplo de união e solidariedade.

Seja sócio-contribuinte da FEB, adquira suas obras e estará colaborando com o seu Departamento de Assistência Social.

CONHEÇA O ESPIRITISMO				
EDIÇÃO	IMPRESSÃO	ANO	TIRAGEM	FORMATO
1	1	1999	5.000	12,5x17,5
2	1	1999	5.000	12,5x17,5
3	1	1999	5.000	12,5x17,5
4	1	2010	5.000	14x21
5	1	2018	1.000	16x23
5	2	2018	1.000	16x23
5	IPT*	2023	150	15,5x23
5	IPT	2024	200	15,5x23

*Impressão pequenas tiragens

Esta obra foi publicada anteriormente sob o título *Espiritismo, uma nova era.*

FEB editora
Livro espírita para um novo mundo
www.febeditora.com.br
@febeditoraoficial
@febeditora

Conselho Editorial:
Carlos Roberto Campetti
Cirne Ferreira de Araújo
Evandro Noleto Bezerra
Geraldo Campetti Sobrinho – Coord. Editorial
Jorge Godinho Barreto Nery – Presidente
Maria de Lourdes Pereira de Oliveira
Miriam Lúcia Herrera Masotti Dusi

Produção Editorial:
Elizabete de Jesus Moreira

Revisão:
Elizabete de Jesus Moreira
Lísia Freitas Carvalho

Capa e Projeto gráfico:
Evelyn Yuri Furuta

Diagramação:
Rones José Silvano de Lima – instagram.com/bookebooks_designer

Normalização Técnica:
Biblioteca de Obras Raras e Documentos Patrimoniais do Livro

Esta edição foi impressa no sistema de Impressão pequenas tiragens, em formato fechado de 155x230 mm e com mancha de 112x182 mm. Os papéis utilizados foram o Off white 80 g/m² para o miolo e o Cartão 250 g/m² para a capa. O texto principal foi composto em fonte Bembo Std 14/19 e os títulos em Bembo Std 29/30. Impresso no Brasil. *Presita en Brazilo.*